Mensagem urgente de Jesus para hoje

O Reino de Deus
no Evangelho de Marcos

Coleção Cultura Bíblica

- *As origens; um estudo de Gênesis 1–11* – Heinrich Krauss e Max Küchler
- *Mensagem urgente de Jesus para hoje;* o Reino de Deus no Evangelho de Marcos – Elliott C. Maloney, osb

ELLIOTT C. MALONEY, OSB

Mensagem urgente de Jesus para hoje

O Reino de Deus no Evangelho de Marcos

Dados Internacionais de Catalogação na Publicação (CIP)
(Câmara Brasileira do Livro, SP, Brasil)

Maloney, Elliott C.
  Mensagem urgente de Jesus para hoje : O Reino de Deus no Evangelho de Marcos / Elliott C. Maloney; [tradução Barbara Theoto Lambert]. — 1. ed. — São Paulo : Paulinas, 2008.
  — (Coleção cultura bíblica)

  Título original: Jesus'urgent message for today
  Bibliografia.
  ISBN 978-85-356-2193-8
  ISBN 0-8264-1604-7 (ed. original)

  1. Bíblia. N.T. Marcos – Crítica e interpretação 2. Reino de Deus – Ensino bíblico I. Título. II. Série.

07-10382   CDD-226.306

Índice para catálogo sistemático:
1. Reino de Deus : Ensino bíblico : Evangelho de Marcos : Interpretação e crítica   226.306

Título original: *Jesus' urgent message for today*
© 2004 by Elliott C. Maloney
Citações bíblicas: *Bíblia de Jerusalém*. São Paulo, Paulus, 2003.

Direção-geral:	*Flávia Reginatto*
Editores responsáveis:	*Vera Ivanise Bombonatto*
	Matthias Grenzer
Tradução:	*Barbara Theoto Lambert*
Copidesque:	*Anoar Jarbas Provenzi*
Coordenação de revisão:	*Marina Mendonça*
Revisão:	*Ruth Mitzuie Kluska*
Direção de arte:	*Irma Cipriani*
Gerente de produção:	*Felício Calegaro Neto*
Capa e editoração eletrônica:	*Telma Custódio*

Nenhuma parte desta obra poderá ser reproduzida ou transmitida por qualquer forma e/ou qualquer meios (eletrônico ou mecânico, incluindo fotocópia e gravação) ou arquivada em qualquer sistema ou banco de dados sem permissão escrita da Editora. Direitos reservados.

Paulinas
Rua Pedro de Toledo, 164
04039-000 — São Paulo — SP (Brasil)
Tel.: (11) 2125-3549 — Fax:(11)2125-3548
http://www.paulinas.org.br — editora@paulinas.com.br
Telemarketing e SAC: 0800-7010081
© Pia Sociedade Filhas de São Paulo — São Paulo, 2008

Dedicado a quatro grandes biblistas do Brasil:

Carlos Mesters, Johan Konings,
Gilberto Gorgulho e Ana Flora Anderson.

Suas idéias, bem como sua santidade e dedicação, revelaram para todos o sentido do Evangelho de Marcos e seu apelo urgente para o mundo de hoje.

PREFÁCIO E AGRADECIMENTOS

Há alguns anos fiz uma extravagância que mudou a perspectiva de meus estudos e, para falar a verdade, toda a minha vida. Em 1993, quando alguns dos membros de nossa fundação beneditina no Brasil vieram estudar aqui na Arquiabadia de Saint Vincent, interessei-me bastante por seu país. As histórias que contavam da terra natal falavam de sua fé intensa e de seu entendimento profundo do sentido da Bíblia para nossa vida cristã de hoje. Decidi estudar a língua deles, o português, e visitar seu mosteiro em Vinhedo, cidade paulista perto de São Paulo. Meu abade ficou encantado com essa possibilidade e pediu-me para aproveitar o verão de 1994 e encontrar-me com os líderes religiosos que haviam se reunido em torno do mosteiro e de seu centro de retiros e trabalhar com eles nos fundamentos da moderna interpretação crítica católica da Bíblia.

Fazer essas palestras e dirigir o retiro comunitário em português no mosteiro foi para mim um verdadeiro teste naquele verão (inverno no Brasil), mas ganhei uma experiência verdadeiramente grande. A generosidade dos brasileiros me conquistou e senti que teria de voltar algum dia. Eu não sabia que este estudioso e professor de seminário por vinte anos voltaria como aluno!

A oportunidade surgiu quando passei meu semestre sabático em Vinhedo na primavera de 1997. Eu desejava a mudança de nosso ambiente escolástico atarefado e o isolamento e tranqüilidade para escrever, imaginem, algumas memórias de ter crescido como garoto católico na década de 1950 em Pittsburgh. Para ganhar meu sustento no mosteiro de Vinhedo, o abade deu-me a tarefa de instruir os noviços (os jovens que se preparam para fazer votos monásticos) em uma análise crítica dos evangelhos. Obedeci com prazer, pois eu escrevera minha tese de doutorado sobre a linguagem do Evangelho de Marcos e durante anos lecionara os evangelhos. Quando comecei a preparar as aulas, lembrei-me de algumas gafes horríveis que eu havia cometido antes na língua do Brasil em minhas palestras de 1994, e assim achei que seria prudente ler em português a respeito do tema de introdução ao evangelho para ter maior controle sobre a linguagem técnica. Seguindo o conselho de nosso ir. Leo Rothrauff no mosteiro, selecionei alguns livros a respeito dos evangelhos escritos pelos estudiosos brasileiros Carlos Mesters e Gilberto Gorgulho, dois bem conhecidos exegetas e mestres. Fiquei atônito com o que li! Esses pequenos livros eram o melhor comentário bíblico que eu já lera em anos. Quando tomei consciência de que seu tipo de entendimento do contexto dos evangelhos era muito superior a tudo que eu conhecia, percebi que eu tinha de aprender mais a respeito desse modo fascinante de ler os evangelhos. Mas a essa altura minha licença sabática tinha terminado.

Ao retornar aos Estados Unidos comecei a planejar uma volta ao Brasil, logo que terminassem as aulas na primavera seguinte, a fim de visitar alguns dos biblistas notáveis e comprar todos os livros que eu pudesse. Depois de obter os fundos necessários, planejei fazer depois da viagem ao Brasil uma visita à Cidade do México, pois aí eu também tinha alguns bons amigos. Na chegada a São Paulo tive a sorte de conhecer frei Gilberto Gorgulho e a dra. Ana Flora Anderson e com eles passar o dia no seminário dominicano de lá. Em seguida fiz o que veio a ser uma peregrinação a uma cidadezinha chamada Angra dos Reis, perto do Rio de Janeiro, onde passei um dia maravilhoso com frei Carlos Mesters, cujas idéias a respeito da escatologia neotestamentária me deixaram estupefato. O último encontro erudito teve lugar em uma visita de dois dias ao cativante padre Johan Konings, no seminário jesuíta de Belo Horizonte. A biblioteca do seminário era muito boa e os jesuítas fizeram com que eu me sentisse em casa. Voltei a São Paulo, percorri as livrarias religiosas e saí do Brasil com uma valise cheia de livros e revistas. Concluí essa viagem de estudos na Cidade do México, onde não tive tanta sorte. Àquela altura o primeiro semestre letivo já terminara e outros deveres ocupavam o tempo da maioria dos biblistas atarefados. Pude, entretanto, utilizar a excelente biblioteca do seminário diocesano da Cidade do México e visitar dois outros seminários e um mosteiro daquela parte do mundo e, assim, adquirir alguns comentários muito bons na língua espanhola.

Ao ler esse material durante o ano escolar seguinte, descobri mais autores e revistas e tomei a decisão de passar parte do verão seguinte em companhia da grande quantidade de obras do Pontifício Instituto Bíblico de Roma. Ah, o que a gente faz por amor à cultura! Eu estudara em Roma no início da década de 1970 e ali passara um semestre sabático em 1990. Estava encantado em voltar a visitar a Cidade Eterna e sua excelente biblioteca bíblica. Ao voltar aos Estados Unidos no fim do verão comuniquei minhas novas descobertas aos colegas no encontro anual da Associação Bíblica Católica. Minhas idéias foram bem recebidas e tive algumas boas trocas de idéias a respeito da força do Evangelho de Marcos. Depois, naquele mesmo ano, fui convidado a participar de uma mesa redonda sobre o Evangelho de Marcos no encontro anual da Sociedade de Literatura Bíblica. Críticas sólidas, misturadas e associadas a reações positivas e interessadas, saudaram-me naquela convenção em novembro de 1999.

Depois de ler tudo a respeito desse modo notável de interpretar o texto bíblico, eu sabia que estava na hora de ler de verdade a Bíblia com o povo da América Latina. No verão de 2000, novamente com uma subvenção muito generosa da Brooks Institution, iniciei uma viagem de estudos de sete semanas ao México, à Venezuela e ao Brasil. Nessa memorável expedição, visitei seminários, mosteiros e institutos de estudos bíblicos; reuni-me com diversos ótimos grupos de estudos bíblicos, com os mestres bíblicos em pessoa, com líderes de grupo, comunidades de base, casais, pastores, monges e seminaristas, e até visitei o líder de uma comunidade em terras ocupadas.

Em todos esses encontros interessantes, percebi que estava realmente vivenciando as diferenças culturais que os intérpretes das ciências sociais afirmam ser absolutamente necessárias para um entendimento correto dos textos antigos. O passo lógico seguinte era estudar o assunto, e assim trabalhei com meus alunos aqui no Saint Vincent Seminary em diversos cursos de mestrado nessa abordagem dos evangelhos sinóticos. Finalmente, ficou claro para mim que seria uma excelente idéia combinar o conhecimento teórico da interpretação das ciências sociais com a experiência real de ler a Bíblia com meus amigos latino-americanos na análise de um assunto que confunde tanta gente: a escatologia do cristianismo primitivo. O resultado dessa saga é, então, este livro.

Quero agradecer à minha comunidade beneditina aqui na Arquiabadia de Saint Vincent pelo generoso apoio que recebi neste esforço nos últimos cinco anos, na verdade por tudo que me deram nos meus trinta e cinco anos de vida monástica. Sinceros agradecimentos à Brooks Institution pelo generoso financiamento de minhas viagens de estudo em 1998 e 2000 ao Brasil, ao México e à Venezuela, onde encontrei algumas pessoas admiráveis que me ensinaram muito. Sem a ajuda dessa gente generosa da América Latina duvido de que algum dia eu alcançasse o entendimento que me permitiu escrever este livro. Para com meus alunos do Saint Vincent Seminary, cujo excelente trabalho, em especial em recentes seminários de mestrado, aumentou bastante minha capacidade de expressar esta nova abordagem, tenho uma grande dívida de gratidão por suas idéias e sua paciência. Também sou muito grato a meus alunos do Saint Vincent College e aos muitos fiéis cristãos que participam comigo de estudos bíblicos adultos. Sua reação e seu grande entusiasmo pelas Escrituras Sagradas tornaram meu estudo uma tarefa fácil e agradável.

INTRODUÇÃO

Os fiéis cristãos sempre perguntam como Deus nos comunica os passos seguintes do plano eterno para a salvação do mundo. O que as Igrejas têm de fazer para reconhecer as reformas necessárias para tornar a vontade de Deus cada vez mais presente em nosso mundo moderno, complicado e destroçado? Um meio muito importante que temos é vasculhar as Sagradas Escrituras repetidamente e prestar atenção à contínua revelação divina. Não só questões novas suscitam novas soluções, mas também novas maneiras de ler e reler os textos bíblicos produzem novos discernimentos para problemas modernos. Um avanço bastante significativo no estudo e na interpretação do Novo Testamento apresenta algumas novas possibilidades muito convincentes para entender a mensagem de Jesus nos evangelhos. É a percepção que precisamos para ler o texto com melhor entendimento da cultura antiga na qual ele foi produzido.

Uma parte da mensagem evangélica, ensinamento em grande parte negligenciado por muitos anos, contém a promessa de um vigor verdadeiramente renovado para a liderança cristã em nosso mundo perturbado. É a área obscura e não raro pouco entendida da escatologia ou o ensinamento do Evangelho quanto ao futuro do Reino de Deus, que era o centro do ensinamento de Jesus.

Há alguns anos, quando todos estavam alvoroçados por causa de possíveis perigos e dificuldades da aproximação do ano 2000, houve um aumento inconfundível nas dúvidas quanto aos ensinamentos neotestamentários a respeito do dia do julgamento e da segunda vinda de Cristo. Jesus realmente pregou que o mundo estava chegando ao fim? O que devemos acreditar sobre o milênio e outras imagens no livro do Apocalipse? O que os evangelhos têm a dizer a respeito do "fim do mundo"? O tema da teologia escatológica no Novo Testamento tem alguma relevância para os cristãos modernos? São algumas das perguntas que ainda nos confundem hoje, embora a passagem do milênio fosse para algumas pessoas de uma decepcionante falta de dramaticidade e agora esteja quase totalmente esquecida.

Inúmeros norte-americanos não têm muita certeza do que significa o conceito "escatologia". Uma olhada rápida no dicionário nos diz que a palavra deriva do adjetivo grego para "último" (*eskhatos*) e que significa "estudo ou ciência que trata do destino ou propósito final da humanidade e do mundo". Nos termos da Bíblia, escatologia refere-se ao destino ou propósito final da humanidade na vontade eterna de Deus e inclui uma descrição do que Deus tem em mente para o resto do tempo. Em toda a Bíblia, o pensamento escatológico varia de tempos em tempos e entre vultos proféticos diferentes. O tipo mais conhecido é a escatologia apocalíptica, uma teologia na qual o ato divino final de salvação será uma repentina revelação (latim tardio *apocalypsis*, do grego *apokalúpsis*) de poder que destruirá completamente os maus e recompensará os bons.

Apesar de uma vaga compreensão desses termos, muitos norte-americanos ficam bastante perplexos com os textos apocalípticos do Novo Testamento. Uma variedade de fatores históricos e outros são responsáveis por nosso estado atual de esquecimento, mas está claro que o pensamento escatológico outrora dominante na Igreja primitiva não recebe atenção em nossa vida cotidiana. Há quem pense que esses textos pressagiam um fim violento para o mundo, mas, em sua maioria, as pessoas acham que eles falam de uma nebulosa ação destruidora, por parte de Deus, em um futuro distante, se é que chegam a pensar a respeito.

Os biblistas muitas vezes aumentam o entorpecimento das grandes exigências éticas neotestamentárias, por uma espécie de desmitificação da literatura apocalíptica que deixa de lado seu ponto principal. Muitos pensam que os cristãos mais primitivos esperavam a volta iminente de Jesus do céu para conceder o julgamento final e a salvação à maneira de um violento apocaliptismo judaico. Esses fiéis primitivos estavam errados, dizem eles, e a "demora" da Parusia combinou-se com uma espiritualidade de perfeição individual na Igreja cada vez mais ocidentalizada para diminuir o fervor apocalíptico e depreciar quase por completo sua expressão literária.[1] Assim, muitos pensam que o único entendimento de textos apocalípticos neotestamentários apropriado para hoje é como uma espécie de resposta moral individualizada. Na interpretação deles, certos textos, por exemplo o discurso escatológico de Jesus no Evangelho de Marcos (cap.

---

[1] Veja David E. AUNE. The Significance of the Delay of the Parousia for Early Christianity, em G. F. HAWTHORNE, org. *Current Issues in Biblical and Patristic Interpretation*; Studies in Honor of Merrill C. Tenney. Grand Rapids, Eerdmans, 1975. p. 107.

13), destacam apenas o *kairós* salvífico ou o "tempo oportuno" do momento *presente* para o fiel individual. Segundo esse modo de pensar, o Novo Testamento tem pouco ou nada a dizer quanto ao futuro da Igreja, muito menos quanto ao destino do mundo inteiro.

Além dessa depreciação do ensinamento bíblico, agora campeia entre os biblistas um grande debate a respeito do ensinamento escatológico do próprio Jesus histórico. Por um lado, muitos afirmam que Jesus jamais empregou linguagem apocalíptica, já que a maior parte do que eles consideram ser seu ensinamento autêntico volta-se para o modo de vida presente. É grande o número de biblistas norte-americanos que estudam o "Jesus histórico" e defendem esse ponto de vista. Eles acham que, imbuídos de uma perspectiva apocalíptica judaica, os primeiros cristãos foram responsáveis pela criação da maioria dos ditos escatológicos de Jesus. O problema dessa posição é que os cristãos primitivos acreditavam claramente que durante seu ministério terreno o próprio Jesus predissera que voltaria, em sua *parousia*, como o Filho do Homem celeste. Veremos adiante que muitas palavras e façanhas de Jesus no Evangelho de Marcos constituem vívida tradição apocalíptica misturada com seu ensinamento mais fundamental, o Reino de Deus, que quase todos os biblistas atribuem ao próprio Jesus. E não é só; o Novo Testamento mostra que uma forte expectativa apocalíptica influenciou grande parte do ensinamento moral e da eclesiologia da Igreja primitiva. Teriam os seguidores de Jesus desvirtuado tanto seu ensinamento?

Em contraste com essa posição, a maioria dos biblistas afirma que Jesus *era* um pregador apocalíptico, mas muitos deles alegam que ele simplesmente estava errado. Obviamente, para a maioria dos cristãos é muito difícil aceitar essa posição, o que tem sérias conseqüências para o entendimento do Evangelho nos dias de hoje. Toda essa confusão no estudo da escatologia neotestamentária provoca um impasse na busca erudita desse ensinamento bíblico muitíssimo proveitoso. O infeliz resultado dessas pressuposições para a Igreja maior é o entorpecimento de uma importante força do ensinamento ético neotestamentário e a confirmação de um individualismo inflexível na devoção pessoal que simplesmente não é bíblico. E o pior de tudo é que o desafio escatológico ao estado atual do mundo passa despercebido.

Sugerimos que o dilema resulta das pressuposições dos estudiosos nos dois lados do debate. Eles entendem mal a escatologia e, em especial, os textos escatológicos apocalípticos, porque estão aprisionados em um "círculo hermenêutico" de suas modernas pressuposições primeiro-mundistas e nórdicas, que incluem: 1) uma abordagem literal do simbolismo bíblico que fecha os olhos a seu sentido metafórico, e assim deixa de lado seu ponto principal; 2) um conceito de tempo quantitativo voltado para o futuro que entende mal a força da apocalíptica com referência ao presente; e 3) um individualismo segundo o qual os textos bíblicos criam um mito de segurança pessoal e bem-estar e não abordam o desespero de um mundo que ainda se definha em condições desumanizadas.

Os primórdios de uma solução

Não é intenção deste livro solucionar o Debate de Jesus quanto à escatologia, mas com nosso estudo da escatologia marcana em seu ambiente antigo esperamos retomar parte do esforço cristão original para cooperar com o plano de Deus para o mundo. Para fazer isso, examinaremos o Evangelho de Marcos, especificamente para discernir o entendimento que o evangelista tem do discipulado cristão dirigido à salvação do mundo todo. Eis a meta escatológica do cristianismo segundo Marcos: a realização do plano de Deus na vinda do Reino anunciada por Jesus.

A primeira parte de uma solução para o debate a respeito da escatologia neotestamentária acontecerá com a admissão por parte dos exegetas (biblistas acadêmicos) de que precisam expandir seu entendimento do mundo antigo. Eles já fazem isso quando ouvem estudiosos que estão fora do tradicional estudo acadêmico da Bíblia, homens e mulheres que irradiam muita luz sobre a cultura e o modo de pensar do mundo antigo no qual a Bíblia foi produzida. As ciências sociais, em especial a sociologia histórica e a antropologia cultural, examinam agora em grande detalhe as vidas e a história do povo de antigamente. Entretanto, são igualmente importantes os biblistas que trabalham em países que não fazem parte do Primeiro Mundo, onde descobrem o tipo de cultura pressuposta na Bíblia na vida cotidiana das pessoas com quem convivem.

Novos andamentos na interpretação bíblica

A recente renovação dos estudos eruditos da Palestina antiga no século I expandiu bastante nosso entendimento do contexto no qual Jesus viveu e exerceu seu ministério. As razões para esse novo ponto de vista são duas.

Primeiro, os biblistas modernos abandonaram os enfoques tradicionais nos textos bíblicos para buscar a partir de várias perspectivas das ciências sociais um entendimento mais sutil de como era exatamente viver naquele tempo. Antes, a maior parte do estudo histórico limitava-se aos principais escritos e aos artefatos duráveis da antigüidade, coisas produzidas por e para um segmento de elite da população que controlava a sociedade e pouco tinha a ver com o povo. Examinar apenas esses materiais produzia uma imagem um tanto unilateral da antigüidade e que tendia a obscurecer algumas dos fatos mais importantes de que precisamos para entender o que realmente acontecia no mundo mediterrâneo.

A situação social do conhecimento

Não há dúvida de que até pouco faltavam na apresentação do Novo Testamento a perspectiva do homem e da mulher comuns da antigüidade e a familiaridade com os acontecimentos normais da vida deles. Essa lacuna de percepção era provavelmente um dos elementos da "situação" social dos intérpretes mais influentes do Novo Testamento. Durante os vinte séculos cristãos, as explicações dos textos sagrados mais extensamente pregadas e lidas foram feitas por *clérigos* cristãos. Como tais, esses talentosos comunicadores preocupavam-se principalmente com a relação da Bíblia com a doutrina eclesiástica, com o plano de fé cristã e seu código moral. Eles liam o texto bíblico com uma espécie de seletividade espiritual que não se preocupava muito com as condições sociais práticas por trás das palavras e atividades registradas nos textos antigos. Em outras palavras, seu enfoque era tentar descobrir o que a Bíblia revelava a respeito da maneira de levar uma vida cristã em uma sociedade cristã medieval idealizada e positivamente estável. A desordem social provocada pelos primeiros cristãos ficou para trás. As narrativas de sua vida e lutas foram espiritualizadas, e fatores políticos e econômicos já não eram levados em consideração. Finalmente, em princípio, os poderosos líderes da Igreja que interpretavam a Bíblia para as massas iletradas ignoravam as próprias limitações e pressuposições a respeito da sociedade. Permaneceram relativamente isolados em sua situação social de membros da elite cultural da época.[2]

---

[2] Veja mais sobre este assunto interessante em Marcus J. Borg. *Jesus in Contemporary Scholarship*. Valley Forge (Pa.), Trinity Press International, 1994. pp. 97-101.

Abordagens recentes da interpretação bíblica

O segundo passo nesta nova perspectiva é a obra dos biblistas modernos que não raro são de posição social muito diferente dos predecessores. No século XIX e, em especial, no século XX, o estudo bíblico foi ampliado por um círculo de estudiosos que ultrapassaram os estreitos limites da liderança eclesiástica. Gradativamente, as opiniões prevalecentes quanto à maioria das questões que diziam respeito à Bíblia foram formuladas pelos principais autores *acadêmicos*. Mas esses estudiosos também eram limitados. Eram principalmente homens brancos, euroamericanos, de classe média, muitos dos quais ainda não compreendiam como sua "situação social" e seu individualismo nórdico contribuíam para que tivessem um entendimento preconceituoso dos textos bíblicos. Na verdade eles acreditavam que suas opiniões eram bastante objetivas, pois abordavam a Bíblia de maneira bastante "científica".

Felizmente, também essa situação ficou para trás. Nas últimas décadas do século XX a proeminência de um bom número de biblistas mulheres altamente instruídas, ao lado da contribuição cada vez maior das ciências sociais, abriu o campo dos estudos bíblicos para muitas idéias e perspectivas novas. De fato, chega até a permitir uma percepção incipiente do valor das diversas perspectivas de exegetas da América Latina e de outros países de "dois terços do mundo". Com suas sensibilidades diferentes, esses estudiosos perceberam muitos fatores atuantes em textos do mundo antigo que os biblistas da "corrente principal" simplesmente não notaram. Temos agora uma imagem muito mais realista da sociedade em que Jesus viveu e ensinou, imagem essa que leva a algumas novas conclusões a respeito de sua vida e seu ministério. Suas descobertas e seus desafios para todos os cristãos quanto à escatologia neotestamentária e o estado atual do mundo já não devem passar despercebidos. O enfoque prático da rejeição por Jesus do sistema religioso formal do Templo de Jerusalém, seu ensinamento da justiça e sua grande visão para o futuro só vêm mais plenamente à luz quando lemos as Escrituras com uma consciência mais interessada. O entendimento cultural do povo mediterrâneo do século I, tão semelhante ao da América Latina de hoje, é ingrediente necessário para a veracidade de qualquer interpretação moderna da Bíblia.

Nenhuma geração dá a última palavra quanto à interpretação de um texto bíblico, mas com certeza percorremos um longo caminho no entendimento do ambiente e da intenção original dos autores da Escritura. Há um novo despertar de interesse no ensinamento de Jesus a respeito do futuro, e esse interesse se tornou o centro de muitas publicações e grupos de estudo bíblico latino-americanos. Por meio de suas idéias e contestações ouvimos a mensagem de Jesus falar alto e claro às necessidades de nosso mundo atual.

A vantagem latino-americana

Nas últimas décadas, os exegetas latino-americanos demonstraram um entendimento mais bíblico do que os biblistas do Atlântico Norte, nas três áreas culturais mencionadas antes: o pensamento simbólico, a percepção do tempo e a solidariedade da humanidade. Suas idéias são com demasiada facilidade descartadas como "teologia da libertação", generalização baseada em uma caricatura dos primeiros esforços dos teólogos latino-americanos. Porém neste livro esperamos mostrar como a cultura da qual seu estudo e publicação se originam está muito mais próxima que a nossa em relação a Jesus e à Igreja primitiva. Quem viaja à América Latina tem muitos relatos sobre a diferença na percepção do tempo ali ("¡Mañana!") e quem foi "surpreendido" por um camelô ali entende que muitos latinos têm uma concepção um tanto diferente de obrigações sociais e dos direitos e deveres dos indivíduos. Essas diferenças culturais dos latino-americanos estão na verdade bem mais próximas da cultura "circumediterrânea" dos cristãos do século I que viviam no Oriente Médio, na Grécia e na Itália, os que iniciaram a Igreja e escreveram seus documentos constitutivos.

Por causa dessas semelhanças, temos muito que aprender a respeito das intenções dos autores originais dos evangelhos com os cristãos latino-americanos, que revelam notável consistência de pensamento, seja nas dezenas de livros e artigos de exegetas instruídos que li, seja entre os mestres e participantes dos muitos estudos, conferências e aulas sobre a Bíblia, de que participei no Brasil, no México e na Venezuela. Esses fiéis têm uma intuição natural de que a apocalíptica, com seu modo simbólico de expressão, trata de pessoas de todas as épocas e concentra-se no potencial para uma vida justa e pacífica para todas as boas pessoas de toda parte. Eles percebem claramente os deveres dos cristãos ao pregar o evangelho para trazer uma vida melhor para todos que participam no plano salvífico de Deus. Os pobres e marginalizados do mundo nem sempre percebem todas as sutilezas literárias de determinado texto, mas percebi inúmeras vezes que sua consciência crítica é eficiente para avaliar a sociedade atual e também um texto antigo. De fato, sua perspectiva é chamada "a nova chave hermenêutica [...] que abre ou desvenda o sentido mais profundo de muitos textos bíblicos".[3] Quando o povo analisa uma narrativa bíblica, sabe que analisa sua própria vida, e a história bíblica "torna-se símbolo ou espelho da realidade atual vivida por ele na sua comunidade".[4]

Sua percepção da exploração do homem do povo no antigo Israel pela aristocracia sacerdotal, juntamente com sua dedicação a todos os membros da sociedade, reflete uma noção cultural de solidariedade nascida de uma longa história de sofrimento nas mãos de opressores políticos e religiosos. Finalmente, há uma diferença significativa entre os exegetas latino-americanos e aqueles de nós que somos estudiosos das Escrituras no Atlântico Norte. Apesar do tempo colossal dedicado ao ensino e aos deveres pastorais, quase todos os primeiros passam bastante tempo lendo a Bíblia com as pessoas comuns, gente que muitas vezes é marginalizada e até analfabeta. Deixaremos claro nas páginas a seguir que temos muito a aprender com nossos amigos latino-americanos.

Marcos misterioso

O autor do documento que chamamos "o Evangelho segundo são Marcos" é figura bem misteriosa. Antes de mais nada, como explica qualquer introdução ao estudo crítico dos evangelhos, não temos realmente certeza da identidade do evangelista e das circunstâncias que deram origem ao evangelho. Simplesmente não existe nenhuma prova externa confiável de quem era o autor, e o próprio evangelho não cita o nome do autor. Por amor à simplicidade, usaremos a identificação "Marcos" (e o pronome masculino correspondente) quando nos referirmos à pessoa que compôs este que é o segundo evangelho canônico, embora reconheçamos que a identidade do autor ainda seja muito questionada. A respeito de "Marcos", o evangelho nos diz que ele acreditava profundamente em Jesus Cristo e escreveu uma narrativa ardente do ministério de Jesus a fim de manifestar sua mensa-

---

[3] A. NOLAN, no prefácio a Carlos MESTERS, *The Hope of the People Who Struggle*; The Key to Reading the Apocalypse of St. John. Athlone, South Africa, 1994. p. viii (Theological Exchange Program). Do original: *Esperança de um povo que luta*; o Apocalipse de são João; uma chave de leitura. 13. ed. São Paulo, Paulus, 2004.

[4] C. MESTERS. *Flor sem defesa*; uma explicação da Bíblia a partir do povo. Petrópolis, Vozes, 1983. p. 31. Mesters continua e diz: "Por uma intuição não reflexa ele (o povo) percebe o valor simbólico dos fatos narrados pelos textos, pois é com estes mesmos olhos que ele interpreta os fatos da sua própria vida" (p. 35).

gem e verdadeira identidade a uma comunidade bastante perturbada. Marcos deseja insistentemente mostrar aos leitores que seu sofrimento está de acordo com o plano divino e que por mais difícil que seja, a tarefa que lhes cabe de pregar o Evangelho é o único meio de seguir Jesus e estabelecer o Reino de Deus, a salvação de todos que crêem.

Segundo, este evangelista usa um estilo imperfeito de grego ao escrever. Não sabemos se isso é porque sua língua materna era o aramaico; ele traduziu parte do material de suas fontes literalmente do aramaico, conseqüentemente para um grego não idiomático; procurava imitar a linguagem das traduções literais do Antigo Testamento para o grego antigo (por exemplo, a Septuaginta); e/ou estava tão ligado a suas fontes de língua grega que só as incorporou desajeitadamente à sua narrativa. Talvez todos esses quatro fatores sejam às vezes responsáveis pelo estilo irregular do texto grego como chegou até nós. Além disso, esforços dos estudiosos para distinguir o escrito de Marcos do conteúdo de suas fontes tem sido de notável malogro, exceto em introduções, conclusões e transições muito óbvias entre narrativas. Mesmo assim, apesar da inconstância de seu estilo, cada vez mais biblistas reconhecem que Marcos emprega grande habilidade e criatividade quando decide juntar as tradições da Igreja primitiva a respeito de Jesus para produzir uma narrativa fascinante e coerente do significado de Jesus de Nazaré.

Terceiro, Marcos estava muito familiarizado com o Antigo Testamento e usa-o às vezes como projeto para a vida de Jesus. Certamente muitas das narrativas que ele ou suas fontes compuseram estão cheias de alusões a textos veterotestamentários, e o livro de Isaías destaca-se como voz profética preferida. O texto de Marcos é tão cheio de possibilidades de interpretação que muitas vezes não sabemos dizer se o autor aludia conscientemente ao Antigo Testamento ou se este estava presente apenas em seu subconsciente. Porém, de qualquer modo, essas alusões veterotestamentárias têm para nossa compreensão a mesma extrema importância que tinham para Marcos.

Quarto, Marcos é bastante enfático quanto ao mistério da identidade de Jesus. Em toda a primeira parte do evangelho ninguém tem uma idéia clara da identidade de Jesus, exceto os leitores a quem foi dito no Prólogo que Jesus é o Messias, Filho de Deus, e também por causa de espíritos impuros que Jesus expulsa de alguns infelizes. Jesus recusa toda notoriedade e chega a dizer a alguns dos que ele cura para não mencionarem o milagre a ninguém. Este aspecto literário de Marcos costuma ser citado como "segredo messiânico", mas há controvérsia sobre o que exatamente é mantido em segredo.

Quinto, Marcos é enigmático ao apresentar o ensinamento central de Jesus: "o Reino de Deus" é um "mistério" mais bem demonstrado por suas parábolas, linguagem que só é entendida por seus seguidores. "Aos de fora, porém, tudo acontece em parábolas [= enigmas]" (4,11). Os de fora, isto é, os líderes religiosos que são os inimigos de Jesus, não têm nenhuma compreensão de quem Jesus é. Suas ações imprudentes deixam-nos perplexos e muitas vezes eles ficam confusos quando tentam derrotá-lo em acareação argumentativa.

Entretanto, mesmo com todas essas dificuldades, não é preciso desesperar-se por não entender o que Marcos procura nos dizer. Afinal de contas, há séculos os cristãos lêem o evangelho e por ele são inspirados. Mas devemos manter um respeito salutar pelo mistério deste autor que escreveu há mais de mil e novecentos anos, para uma comunidade cristã de outro modo desconhecida, com uma cultura muito diferente da nossa. Existe, sem dúvida, um "excesso de sentido" na narrativa marcana; isto é, devemos esperar encontrar mais nessa obra inspirada do que estava na mente consciente do autor. Ela é fonte abundante de reflexão cristã organizada por um autor de profunda fé no poder de Deus ativo na vida de Jesus e na de todos que o seguem.

A escatologia de Marcos mostra que embora as ações finais de Deus voltadas para o mundo tivessem início na vida, morte e ressurreição de Jesus, há no plano de Deus uma dimensão futura definida que inclui a ação combinada dos seguidores de Jesus e sua volta gloriosa como o Filho do Homem.

O plano deste livro

A fim de examinar a escatologia do Evangelho de Marcos, apresentaremos este livro em duas partes. A primeira parte fornecerá as informações gerais a respeito do contexto e do ensinamento principal do evangelho. Esses passos introdutórios são necessários para nossa apresentação mais específica na segunda parte, que tratará particularmente da questão da escatologia de Marcos. Assim, na primeira parte, o capítulo 1 apresentará um conhecimento útil da história social e do contexto cultural da terra natal de

Jesus no século I da era cristã (d.C.). No capítulo 2 examinaremos o entendimento que Marcos possuía de quem Jesus Cristo era ("cristologia"). O capítulo 3 estudará o conceito central do ensinamento de Jesus, o Reino de Deus, na apresentação de Marcos.

Depois de completarmos nossa introdução ao Evangelho de Marcos, passaremos, na segunda parte, a concentrar-nos na escatologia de Marcos. O capítulo 4 faz uma introdução aos gêneros literários dos escritos escatológicos no século I e ao entendimento de símbolo, tempo e comunalismo necessário para compreendê-los. O capítulo 5 tratará de todos os textos escatológicos do Evangelho de Marcos, menos o capítulo 13 marcano, do qual o capítulo 6 trará uma exegese detalhada. Finalmente, apresentarei minhas conclusões quanto à escatologia do Evangelho de Marcos.

A fim de economizar espaço, não imprimi as muitas referências ao Antigo e Novo Testamentos que formam a base de nossas análises. Assim, é necessário que o leitor tenha uma Bíblia à mão e dê-se ao trabalho de procurar e ler as muitas passagens que mencionaremos no transcorrer do trabalho. Quando excepcionalmente estiverem transcritas as citações da Sagrada Escritura, elas serão tiradas da *Bíblia de Jerusalém* (São Paulo, Paulus, 2003), a menos que o autor tenha feito uma nova tradução para transmitir melhor o sentido da passagem. Desse modo, esperamos que o leitor possa julgar a utilidade desta interpretação a cada passo do trabalho e perceber a importância da mensagem do Evangelho de Jesus para a época de hoje.

Parte I

As origens e a teologia fundamental do Evangelho de Marcos

Capítulo 1
A SOCIEDADE E A CULTURA DA PALESTINA NO SÉCULO I

A estrutura política da Palestina no século I

É do conhecimento geral que Jesus de Nazaré cresceu na Galiléia, a parte norte da Palestina, e que foi executado em Jerusalém, capital da região sul, a Judéia. Entretanto, muitos de nós não sabemos muito a respeito da realidade social e política dessa parte do antigo mundo mediterrâneo onde o cristianismo começou. Isso acontece porque até recentemente os próprios biblistas descuidaram-se de muitos elementos da cultura daquela região. Agora os historiadores sociais e os antropólogos culturais trouxeram à luz diferenças notáveis entre nossas sociedades, em especial na forma de atuação do governo, de funcionamento da economia e da natureza política da religião. Vamos examinar essas diferenças nas áreas mais importantes para nosso estudo.[1]

O governo do Império Romano

O Império Romano era formado de muitas nações pequenas como a Palestina, que conquistara em 63 a.C. Já que seria impossível Roma fornecer os milhares de administradores necessários para o rigoroso controle

---

[1] Neste capítulo I devo bastante à obra de Marcus J. Borg, *Jesus in Contemporary Scholarship*. Valley Forge (Pa.), Trinity Press International, 1994, esp. o cap. 5; K. C. Hanson & Douglas E. Oakman. *Palestine in the Time of Jesus*; Social Structures and Social Conflicts. Minneapolis, Fortress, 1998. Especialmente os capítulos 3-4; William R. Herzog. *Jesus, Justice and the Reign of God*; A Ministry of Liberation. Louisville (Ky.), Westminster/John Knox, 2000. Especialmente capítulo 5; Bruce Malina. *The Social Gospel of Jesus*; The Kingdom of God in Mediterranean Perspective. Minneapolis, Fortress, 2001. Especialmente o capítulo 2; e Anthony J. Saldarini, *Pharisees, Scribes, and Sadducees in Palestinian Society*. Grand Rapids (Mich.), Eerdmans, 1988. Especialmente os capítulos 2-3 [Ed. bras.: *Fariseus, escribas e saduceus na sociedade palestinense*. São Paulo, Paulinas, 2005]. Para os que lêem espanhol, o biblista mexicano Carlos Bravo tem boas sínteses do mundo social de Jesus em seu livro excelente: *Jesús, hombre en conflicto*; El relato de Marcos en América Latina. 2. ed. Ciudad del Mejico, Centro de Reflexión Teológica, 1996. pp. 27-54 e 318-328 [Ed. bras.: *Jesus, homem em conflito*; o relato de Marcos na América Latina. São Paulo, Paulinas, 1997].

imperial de todos os seus enormes territórios, o imperador contava com a aristocracia nativa já estabelecida em cada país para manter o domínio colonial. Nesse "império aristocrata", o imperador tornou-se o protetor dessas pessoas de elite, que ficavam sob as ordens diretas de um só governante nomeado por Roma. Esse governador romano recompensava os aristocratas com grandes doações de terras e também altos postos no governo, em troca de apoio e impostos. Visto que a riqueza vinha do controle da terra e do que ela produzia, o império aprovou uma "teoria de estado da propriedade" na qual todas as terras, vias navegáveis e quaisquer outros recursos eram considerados propriedade do imperador. A tarefa dos membros da classe governante era assegurar que a parte do leão dos lucros de tudo que se produzisse fosse encaminhada a Roma e, em troca dessa cooperação, para eles mesmos. Eles realizavam isso por um sistema de tributação extremamente alta, acima de trinta por cento da colheita que a terra produzia. Os meeiros tinham sorte de ficar com um terço da colheita por causa dos aluguéis extremamente altos. Naturalmente, os camponeses não tinham nenhum direito de opinar em sua tributação.

Economia imperial antiga

Do mesmo modo que a maioria das nações-clientes de Roma, a Palestina era uma "sociedade agrária adiantada". Nesse tipo de cultura, cerca de noventa por cento da população trabalha na lavoura e em ocupações a ela relacionadas. A invenção do arado de ponta de ferro possibilitou ao lavrador produzir uma safra maior do que sua família consumia, pois a produção agora era de dez a quinze vezes a quantidade de sementes plantadas. Embora as técnicas agrícolas de hoje produzam uma safra muito maior (cerca de quarenta vezes ou mais), os membros da aristocracia viviam do excedente sem terem muito trabalho, enquanto gozavam a ociosidade exigida pela "vida nobre". Calcula-se que era preciso o trabalho de dez camponeses para sustentar um aristocrata.[2]

Essa situação era possível graças a um mito de reciprocidade no qual, em troca do trabalho dos camponeses, a aristocracia supostamente dava proteção contra inimigos externos.[3] Segundo, ao ditar as regras da pro-

---

[2] HERZOG, *Jesus, Justice and the Reign of God*, p. 93.
[3] Veja uma análise mais completa da "falsa reciprocidade" em ibid., pp. 101-102 e de modo mais geral sobre o relacionamento patrono-cliente veja SALDARINI, *Pharisees, Scribes, and Sadducees*, pp. 56-59.

dução e controlar o transporte e a venda das mercadorias, a aristocracia supostamente também garantia a prosperidade da terra. Na verdade, não havia ameaças de ataque em lugares como a Palestina, pois no século I a maioria dos combates em que o Império Romano se empenhava eram guerras de conquista. A classe governante da elite simplesmente usava o domínio da terra para explorar os camponeses de todas as maneiras possíveis. Quando aprovavam melhorias na infra-estrutura (estradas, aquedutos, portos, esgotos), era apenas para a vantagem das elites e seus auxiliares, como foi a construção de teatros, ginásios, banhos e templos religiosos. A situação era a epítome de exploração e "tributação sem representação".

Graças ao controle total da política interna, a aristocracia, aliada a Roma, criou uma economia "extrativa", isto é, sua intenção consciente era enfraquecer por completo os camponeses, para que os membros da classe governante ficassem com quase toda a riqueza gerada pela região.[4] Eles estabeleciam os altos impostos e pedágios que os camponeses lavradores, pescadores e artesãos deviam pagar. Controlavam os tribunais, onde todas as disputas tinham de ser resolvidas, e também os militares que faziam cumprir todas essas decisões. Era impossível fazer queixa contra as elites, porque elas regularmente "compravam" a decisão que queriam nos tribunais.

Estratificação social

Os aristocratas e seus auxiliares

A classe governante, isto é, o governante e seus subordinados aristocratas, formava apenas um ou dois por cento da população. Teria sido totalmente inaceitável para esses amantes do ócio supervisionar em pessoa os outros noventa e oito por cento da população; por isso eles empregavam um grande número de auxiliares (cinco por cento da população), que faziam a maior parte do trabalho para eles. Os auxiliares serviam de intermediários entre o incrível poder dos aristocratas e a classe baixa em um sistema de protetor e cliente que muitos de nós só vimos nos filmes sobre a máfia. Eram os coletores de impostos e pedágio, os educadores, os militares, os artesãos qualificados (que forneciam aos nobres mercadorias

---

[4] Veja a apresentação da economia imperial antiga em todo o capítulo 4 de HANSON & OAKMAN, *Palestine in the Time of Jesus*.

de luxo), os escribas (qualquer de vários funcionários que sabiam ler e escrever) e o clero religioso. Esses intermediários viviam exclusivamente do serviço para os aristocratas e tinham de prestar contas somente a eles.

Distribuição da riqueza

Todos esses funcionários auxiliavam os negócios arbitrários da classe alta e enriqueciam-se por esse processo, no que foi chamado "suborno honesto", sua parte "legal" do excedente que os camponeses produziam na terra. Calcula-se que os impostos pagos ao imperador combinados com o "quinhão" dos aristocratas e seus fiéis seguidores, os auxiliares — que juntos formavam apenas sete por cento da população —, somavam dois terços de tudo que era produzido. Só um terço do que era produzido estava disponível para noventa e três por cento do povo, uma parte verdadeiramente inadequada.

Distribuição da população

A classe baixa incluía os camponeses lavradores (oitenta por cento da população) juntamente com outros de três a sete por cento que manufaturavam tudo que era necessário para lavrar a terra (os artesãos) ou que desempenhavam as tarefas servis e perigosas, como mineração ou sepultamentos. Bem na base da pirâmide social havia o que os sociólogos chamam "classe sacrificável", cerca de cinco a dez por cento da população que não tinha nada. Eram sem teto e itinerantes, tendo sido forçados pela doença ou incapacidade, mas principalmente por dívidas, a sair da terra que lhes pertencia. Muitos se tornavam bandidos e ficavam à espreita em cavernas solitárias para atacar as ricas caravanas de mercadorias que se dirigiam para os redutos das cidades dos abastados. Outros simplesmente mendigavam para se sustentarem.

A difícil situação do camponês

Nesse modo tributário de produção, os altos impostos levavam os camponeses à inevitável perda da terra por meio de dívidas e execuções de hipoteca. As elites controlavam os preços das safras e facilmente levavam um camponês à bancarrota, emprestando-lhe dinheiro que sabiam ser-lhe impossível devolver. Os lavradores eram rebaixados a meeiros e recebiam apenas uma parte insignificante do que cultivavam, muitas vezes na terra que lhes pertencia! O aluguel da terra era alto e os novos proprietários controlavam o que devia ser plantado. Sua ganância resultava em ordens para plantar o que era próprio para o mercado, como figos e tâmaras, em vez de gêneros de primeira necessidade, como trigo e cevada, o que deixava muito pouco para o sustento das famílias camponesas. Agora eles tinham de comprar grande parte do que comiam. Não raro as famílias tinham de se separar para encontrar trabalho como diaristas. Pensamos nos trabalhadores da vinha (cf. Mt 20,1-16), que ficavam o dia todo na praça, desocupados, esperando para serem contratados por um pai de família pelo que ele estivesse disposto a pagar. Toda essa exploração era considerada normal nos impérios antigos e os camponeses eram totalmente impotentes para fazer algo contra.

Ficamos imaginando como esse sistema explorador existiu tanto tempo sem rebelião. Os aristocratas e seus auxiliares trabalhavam de duas maneiras para manter o controle da situação. Primeiro, havia o constante reforço do mito de reciprocidade, que os aristocratas eram os "grandes protetores" do ataque externo e os provedores todo-poderosos de uma economia bem-sucedida. Segundo, a economia extrativa deixava para os camponeses o que mal dava para mantê-los vivos nesse sistema de lavoura de subsistência. A resposta a qualquer resistência era a brutalidade, o que significava a perda do pouco que se possuía, a prisão ou coisa pior. Pense no poder do rei (regional) na parábola do servo cruel, que "o entregou aos verdugos, até que pagasse toda a sua dívida" (Mt 18,34). A perda do ganha-pão significava com certeza a fome para a família, em uma sociedade com uma burocracia que não se preocupava com o bem-estar do indivíduo e com camponeses que não tinham praticamente nada para repartir com os pobres.

A natureza política da religião

Outro fator que garantia o sucesso desse péssimo sistema era a religião, mais um aspecto da sociedade controlado pelas elites. Embora existissem expressões religiosas particulares no lar, na sociedade antiga todos eram obrigados a participar da religião pública do Estado. A religião pública era universalmente considerada o meio pelo qual a nação agradava aos deuses que, conforme se acreditava, em troca dos ritos sagrados de oração e sacrifício conferiam fertilidade à terra e, assim, permitiam que a população sobrevivesse. Todos os funcionários religiosos, os sacerdotes que realizavam os ritos, os escribas que eram instruídos para interpretar a doutrina oficial da religião e até os servos que limpavam e conservavam os templos eram sustentados por impostos exatamente como outros funcionários do governo. Sua posição era quase completamente política e seu treinamento e salário eram os de auxiliares dos aristocratas.

Os sacerdotes eram naturalmente considerados os mestres e funcionários oficiais da religião e quase sempre reforçavam o *status quo* imposto pelas elites. Notável exceção eram os grandes profetas hebreus do período veterotestamentário, mas a religião institucional da Palestina com a aristocracia sacerdotal e o centro de poder no Templo de Jerusalém eram todos exemplo muito típico de religião pública em todo o Império Romano. Jesus os achava tão escandalosos que protestou fortemente como os profetas antigos quando virou as mesas dos cambistas no Templo de Jerusalém (cf. Mc 11,15-19).

O sistema religioso da antiga Palestina

A Palestina sob Herodes

Quando Roma estabeleceu a dinastia dos Herodes como reis-fantoche da nova província romana da Palestina, no século I a.C., a aristocracia hasmonéia foi substituída por uma nova aristocracia de diversas famílias sacerdotais convidadas para voltar do judaísmo da diáspora fora da Palestina. Essas famílias tornaram-se os clientes de elite de Herodes, o Grande, que os encarregava de designar o sumo sacerdote, o principal funcionário de todo o sistema religioso do Templo. Com essa posição e o conseqüente poder político, eles rapidamente assumiram o controle do Sinédrio, o supremo tribunal religioso, e também da inacreditável riqueza do tesouro do Templo. Ora, com vasto poder econômico e o judiciário para apoiá-la, a aristocracia social do Templo tornou-se o maior proprietário rural da Palestina, por meio da execução de hipotecas que dera a lavradores oprimidos pelos impostos.[5]

Quando, por ocasião da morte de Herodes, o Grande, Roma dividiu a Palestina, a parte sul, a Judéia, permaneceu sob o controle da aristocracia sacerdotal herodiana, que agora tinha compromisso de fidelidade com o prefeito romano. O prefeito romano, uma espécie de governador, trabalha-

---

[5] Veja uma análise mais completa da aristocracia herodiana em HERZOG, *Jesus, Justice and the Reign of God*, pp. 90-92 e HANSON & OAKMAN, *Palestine in the Time of Jesus*, pp. 82-86.

va de mãos dadas com a aristocracia de Jerusalém para extrair os impostos necessários para Roma e, ao mesmo tempo, fazia com que fossem cumpridas as decisões do Sinédrio, o mais alto poder judiciário da terra. No tempo de Jesus, o prefeito romano era Pôncio Pilatos.

A parte norte da Palestina, a Galiléia, era governada pelo filho de Herodes, o rei-fantoche Herodes Antipas, e seus seguidores aristocratas (os "herodianos" dos evangelhos). A aristocracia do Templo tinha menos controle ali que na Judéia. Nas duas áreas, a pequena nobreza rural tradicional juntou-se a essa elite governante no domínio completo da maior parte da terra e praticamente de toda a produção.

A riqueza dos sacerdotes

A riqueza fabulosa do tesouro do Templo tem uma explicação um tanto irônica. A Bíblia exige que o dízimo, isto é, dez por cento de toda a produção anual da terra de Israel, seja dado à tribo sacerdotal dos levitas (cf. Nm 18,21), porque só eles entre as Doze Tribos não receberam nenhuma terra, uma vez que seus deveres no Templo impediam que trabalhassem na lavoura. No tempo de Jesus, no século I, na interpretação da aristocracia sacerdotal e seus auxiliares, os escribas — funcionários que eram treinados para ler e escrever —, a passagem bíblica significava que a classe sacerdotal podia possuir terras desde que eles próprios não as cultivassem. Assim, a idéia bíblica foi invertida por completo: enquanto em épocas anteriores a tribo sacerdotal (os levitas) não tinha posses e precisava ser sustentada pelas ofertas voluntárias do resto da nação, agora uma aristocracia sacerdotal fabulosamente rica adquiria mais riquezas ainda pela imposição do dízimo e de outros "tributos religiosos" à maioria empobrecida dos fiéis.

Tributação religiosa

Os sacerdotes e seus escribas declaravam que a Bíblia exigia um dízimo de todas as mercadorias para a manutenção dos sacerdotes e que Deus exigia um "imposto individual", meio siclo a ser doado anualmente para os sacrifícios cotidianos necessários para manter o Templo puro. Essa última quantia era o equivalente à remuneração de dois dias de um diarista com um bom emprego. Também decretaram que todo ano as famílias deveriam gastar outra décima parte da renda anual em peregrinações a Jerusalém para as festas importantes da Páscoa, de Pentecostes e das Tendas. Finalmente, um terceiro dízimo da renda da pessoa devia ser entregue ao Templo a cada três anos, para os pobres. Havia também diversos sacrifícios obrigatórios exigidos de todo judeu (explicado a seguir). Tantos sacrifícios eram realizados no altar principal do Templo de Jerusalém, que ele estava continuamente em uso, com dezenas e mesmo centenas de milhares de animais sacrificados todo ano.[6]

Os sacrifícios do Templo

A aristocracia sacerdotal transformou as regras para o sacrifício a Deus na Bíblia (cf. Lv 1-7 e mencionadas muitas vezes nos Salmos e nos Profetas) em um sistema sofisticado de tributo necessário a Deus e de purificação por toda e qualquer infração da Lei. Eram consideradas necessárias para a reintegração do povo judeu depois do exílio como os únicos escolhidos de Deus. O sacrifício queimado cotidiano (holocausto) de um cordeiro ao amanhecer e outro ao anoitecer era entendido como expressão de que só Deus era a fonte de todos os bens necessários para a vida. Sacrifícios de pureza e reparação eram entendidos como uma espécie de purificação do próprio Templo. Eram considerados oferendas para reparar a profanação que se pensava acontecer quando pecados individuais insultavam Deus. Os chamados sacrifícios de paz eram feitos para solenizar um juramento, e os sacrifícios de louvor eram feitos para celebrar as bênçãos divinas do passado e reafirmar a vocação de Israel como povo escolhido de Deus. Embora esses dois últimos sacrifícios fossem consumados pelos fiéis que os ofereciam, somente os sacerdotes podiam comer a carne dos sacrifícios de reparação. Na verdade, os sacerdotes comiam tanta carne que o Talmude judaico diz que eles estavam sempre doentes devido ao excesso de comida. Embora as carcaças dos holocaustos fossem completamente consumidas pelo fogo, os sacerdotes recebiam os couros dos animais para seu uso.[7]

Ênfase na santidade/pureza

Essa elaboração das instruções bíblicas para o culto apropriado de Deus foi realizada por causa da ênfase na pureza por parte dos intérpretes oficiais da Lei. Durante o exílio babilônio, foi organizado o Código Sacerdotal

---

[6] HANSON & OAKMAN, *Palestine in the Time of Jesus*, p. 143.
[7] Veja uma descrição completa do imposto do Templo e do sistema de sacrifícios em ibid., capítulo 5.

para manter intata a identidade de Israel como povo escolhido de Deus. Na volta do exílio, os sacerdotes eram os aristocratas nativos que controlavam os negócios internos da Terra Santa, enquanto ela estava sob o domínio estrangeiro dos impérios aristocráticos dos persas, de Alexandre Magno, os selêucidas sírios e por fim os romanos. A principal estratégia para a sobrevivência de sua religião e, assim, de sua identidade foi realçar a "Lei de santidade" do Levítico (cf. 17-26). De acordo com ela, os israelitas deviam imitar a santidade de seu Deus, afastando-se de tudo que profanasse essa santidade: "Sede santos, porque eu, Iahweh vosso Deus, sou santo" (Lv 19,2).

Essa santidade foi progressivamente considerada adquirida e mantida pela adesão estrita a todas as regras bíblicas para a pureza ritual. Os escribas, os intérpretes oficiais da Lei (Torá), passaram a considerá-la a única grande instrução para o judeu fiel quanto ao comportamento correto para preservar a pureza. Uma seita especial chamada "fariseus" surgiu para guiar o povo à força para uma renovação singular da identidade judaica por meio de uma adesão bem estrita a esse Código de Pureza. Seu nome significa "os separados", porque eles se separavam até de outros judeus por medo de incorrer em impureza ritual.[8] Os escribas e em especial os fariseus eram obcecados pelas polaridades de limpo e impuro, puro e profanado, justo e pecador, em suma, toda uma identidade de judeu *versus* gentio. Com esse Código de Pureza eles ensinavam aos fiéis que quando incorressem em qualquer impureza, quer física quer moral, causariam a si mesmos um terrível dano com prejuízo a seu bem-estar e sua posição como israelitas.

A fim de ser purificada, aliviada da natureza contagiosa da impureza e perdoada pela infração, a pessoa tinha de fazer no Templo um sacrifício pelo pecado e, assim, ser devolvida ao estado normal do povo escolhido. A grande lista de sacrifícios em Lv 1-7 era consultada a fim de realizar a reparação, mas se alguém não pagasse ao Templo todos os dízimos e impostos preceituados estava em permanente violação das leis cultuais e não podia aproveitar-se do sistema sacrifical para fazer a oferenda e receber o perdão. Um beco sem saída!

A reação de Jesus

No Evangelho de Marcos, Jesus considera todo o sistema do Templo, com sua forte ênfase em uma interpretação da Lei voltada para a pureza, uma

---

[8] Veja mais informações sobre os escribas e os fariseus na excelente análise do livro de SALDARINI, *Pharisees, Scribes, and Sadducees*, especialmente o capítulo 12, "The Place of the Pharisees in Jewish Society".

imitação grotesca da vontade divina para o povo da aliança. Esse Código de Pureza separava os sacerdotes aristocráticos (chamados "chefes dos sacerdotes" no evangelho) e os que mantinham sua imensa autoridade religiosa, os escribas e fariseus, do povo. Na verdade, o sistema proibia aos que não faziam parte das elites o envolvimento social na comunidade ao rejeitar qualquer interação pessoal com os "impuros", situação quase inevitável devido ao número de regras e aos custos dos sacrifícios necessários para o retorno à pureza. Além disso, essa exclusividade também eliminava completamente do culto de Deus todos os não-judeus e, assim, contradizia a vontade de Deus para a salvação de todas as nações por meio do testemunho de Israel.

O Evangelho de Marcos jamais apresenta Jesus criticando a religião do Antigo Testamento. Mostra-o, de fato, como seu maior intérprete. Como os profetas antigos antes dele, o que Jesus faz é denunciar as práticas aristocráticas das elites de Jerusalém, a aristocracia sacerdotal com a base do poder no Templo e o Código de Pureza na qual elas e seus escribas insistiam. Ele proclama aos fariseus e escribas: "Assim anulais a palavra de Deus por causa da vossa tradição, que passais para os outros" (Mc 7,13). Aquilo em que eles insistem ser "a tradição dos anciãos" Jesus chama de "preceitos humanos" (citando Is 29,13) e "tradição humana" (cf. 7,7-8). Mais uma vez, para ser perfeitamente claro, o Jesus marcano culpa não o judaísmo, mas a pequena classe das elites governantes que, como Marcus Borg explica tão bem, "em vez de representar 'os judeus', são mais corretamente consideradas opressores da grande maioria da população judaica da Palestina no tempo de Jesus".[9]

O entendimento que Jesus tinha da Bíblia era exatamente o oposto desse tipo de exclusivismo. Ele afirmava que a *compaixão* divina era o ensinamento central do Antigo Testamento e considerava impuro somente o que era contra a vontade de Deus.[10] Sua esperança era a de um estado ideal de interação social baseado na necessidade, não na riqueza e poder, em que todos os homens e mulheres estivessem incluídos. Parece que ele defendia o preceito bíblico da remissão das dívidas todo sétimo ano, ou

---

[9] BORG, *Jesus in Contemporary Scholarship*, p. 105. William R. HERZOG salienta: "No capítulo 7 [de Marcos] a atenção muda do Templo para sua 'constituição', a Torá. Jesus não revogou a Torá nem relegou-a em seu ensinamento. Ao contrário, interpretou a Torá à luz do desígnio divino para ela. A Torá destinava-se a ser expressão da Aliança de Deus com o povo, um meio de assegurar que a terra de Deus seria um refúgio de justiça em um mundo injusto. Essa interpretação colidia com os que elegeram a Torá para ser usada conforme seus interesses políticos" (*Justice and the Reign of God*, p. 109).

[10] Johan KONINGS. *Marcos*. São Paulo, Loyola, 1994. p. 31.

ano sabático, e, no ano do jubileu (o qüinquagésimo ano; sete vezes sete segundo Lv 25,10.13-17.23-28), o da devolução da terra que uma família perdera. Entretanto, com suas interpretações e extensões na lei oral que criara, a aristocracia sacerdotal restringiu a intenção divina. Dois exemplos bem conhecidos dessa impostura deliberada da Lei de Deus eram o contrato *prosbul* e o sistema *korbân*.

O *prosbul* (do grego "aplicação") fazia com que a dívida fosse contraída sem esperança de ser anulada no sétimo ano ou ano sabático. Era ostensivamente feito em nome da misericórdia, para incentivar emprestadores relutantes a ajudar aos pobres com a firme esperança de receber o dinheiro de volta ou uma indenização. O sistema *korbân* (do hebraico "oferenda") permitia que o dinheiro fosse consagrado ao Templo e seus rendimentos usados exclusivamente para dízimos, impostos e sacrifícios daquela instituição. Era uma tática inteligente se alguém queria evitar o pagamento de despesas justas, tais como o sustento de pais idosos (veja a declaração de Jesus quanto a essa prática em Mc 7,9-13).

O Código de Pureza era eficaz por si mesmo, porque estabelecia que todo produto que não pagasse o dízimo era impuro e, assim, contaminaria todos os fiéis que recebessem parte dele. Pior ainda, os escribas e fariseus asseguravam que o povo não quisesse ficar sujeito à impureza, insinuando que a diferença entre pureza e impureza era sinônimo de justiça e pecaminosidade.[11] Os pobres aprendiam que quando não pagavam os impostos e sacrifícios do Templo não tinham a bênção divina e deviam viver na ignomínia. É provavelmente esse o argumento de Marcos na narrativa do óbolo da viúva (cf. Mc 12,41-44). Imediatamente depois de denunciar os escribas que "devoram as casas das viúvas" e que "receberão condenação mais severa" (Mc 12,40), Jesus mostra que a viúva é a vítima de extorsão. Quando ela procura pagar o imposto do Templo com duas pequenas moedas, Jesus diz que ela, "na sua penúria, ofereceu tudo o que tinha, tudo o que possuía para viver" (12,44). Não haveria nenhum bolsa-família no fim do mês. A viúva está praticamente morta.

Por outro lado, os ricos, que podiam pagar todos os impostos religiosos e pagar todos os sacrifícios preceituados, eram considerados favorecidos por Deus. Mas Jesus desafia outra vez a opinião prevalecente. A antiga Palestina operava com uma "economia de soma zero", isto é, em um sistema

---

[11] Essa é também a conclusão do biblista judeu Jacob Neusner em *The Idea of Purity in Ancient Judaism*. Leiden, Brill, 1993. Especialmente o "Resumo" nas pp. 118-119.

de mercado de "bens limitados". Ao contrário de nossa economia moderna, em que o dinheiro aumenta em investimentos e a oferta de mercadorias corresponde à demanda, "bens limitados" significa que a quantidade de todas as mercadorias era presumivelmente fixa. Se alguém obtinha mais de alguma coisa, outra pessoa ficava automaticamente sem. Desse modo, os ricos só ficavam mais ricos se defraudavam o próximo.[12] Os ricos obtinham o poder de fazer isso só por serem aristocratas ou seus auxiliares e, na Judéia, isso significava que o obtinham da aristocracia sacerdotal patrocinada por Roma ou da pequena nobreza proprietária de terras unidos a ela. Ciclo completado! Os que ditavam a opinião religiosa eram os que mais se beneficiavam dela. Os que faziam parte do povo, como os discípulos de Jesus, aceitavam a idéia de que Deus deve favorecer os ricos porque todos diziam que era assim. Não admira que quando Jesus disse: "É mais fácil um camelo passar pelo fundo da agulha do que um rico entrar no Reino de Deus", os discípulos "ficaram muito espantados e disseram uns aos outros: 'Então, quem pode ser salvo?'" (Mc 10,25-26).

Não devemos nos esquecer de que a realidade histórica do Evangelho de Marcos era um tanto diferente da do tempo de Jesus, pois quarenta anos haviam se passado. O fim dos anos 60 e o início dos anos 70 do século I foi uma época de grande convulsão política, quer o local da comunidade marcana fosse no Oriente Próximo (Galiléia ou Síria), como muitos acreditam, no final da insurreição judaica contra Roma, quer, como é opinião da maioria dos estudiosos, na própria Roma, logo depois da perseguição de Nero. Entretanto, a posição social era a mesma, pois a sociedade imperial agrária aristocrática era notavelmente uniforme em todo o Império Romano. Assim, a imagem de sociedade e cultura que traçamos da antiga Palestina é válida para o entendimento de Jesus em seu tempo e também para a descrição que dele faz Marcos como o fundador da comunidade do Reino de Deus. Embora sua visão concentre-se bastante na convulsão e perseguição de seu tempo, Marcos recorre à vida e à visão escatológica de Jesus, o qual, ele demonstra, predisse que toda ela ia acontecer: "Ficai atentos. Eu vos predisse tudo" (Mc 13,23).

---

[12] O mundo econômico antigo era completamente estático; isto é, não havia novas terras, novas indústrias, novas técnicas agrícolas, e todos as mercadorias eram limitadas e a produção era sempre na mesma quantidade. Nova propriedade, novos bens ou novo poder era obtido à custa de outra pessoa. Assim, os que acumulavam grandes fortunas só podiam tê-lo feito por alguma forma de roubo ou fraude na qual obtinham os bens que por justiça pertenciam a outros. Veja o resumo de "Rich, Poor, and Limited Good" em Bruce MALINA & Richard L. ROHRBAUGH. *Social Science Commentary on the Synoptic Gospels*. 2. ed. Minneapolis, Fortress, 2003. pp. 400-401.

Capítulo 2
A CRISTOLOGIA DO EVANGELHO DE MARCOS

Introdução

A tarefa da cristologia

A fim de obter um entendimento sólido da crença da Igreja na pessoa e missão de Jesus Cristo, é preciso conscientizar-se de que a revelação divina levou algum tempo para ocorrer. Na verdade, ainda continua a se manifestar para nós hoje. As formulações doutrinais da Igreja a respeito da cristologia são fruto de uma longa evolução do entendimento que começou com o ministério público de Jesus e ficou mais clara com a composição do Novo Testamento. Os evangelhos canônicos, cada um dos quais uma descrição especial de Jesus composta para uma determinada comunidade cristã, são testemunhas muito importantes dessa crescente compreensão no primeiro século cristão. A boa regulagem do entendimento cristão, em especial no pensamento metafísico de categorias helenísticas de substância, natureza e pessoa, efetuou-se durante vários séculos de reflexão e debate.

Entre os séculos IV e VIII, a Igreja realizou sete importantes concílios para determinar os pontos básicos da doutrina cristã a respeito de Jesus Cristo que até hoje afirmamos em nossos credos e catecismos. Levando isso em conta, percebemos que o ensinamento cristológico do Evangelho de Marcos é revelação verdadeira mas parcial da identidade de Jesus Cristo. Mas só atendo-nos rigorosamente ao texto, procurando não dar-lhe a interpretação mais tardia da Igreja, entendemos verdadeiramente a contribuição deste evangelista para o ensinamento integral da Igreja a respeito de nosso Salvador. Por fim, não procuro aqui dar a cristologia do próprio Jesus, do "Jesus histórico", tão controvertida ultimamente. Creio que só poderei dar uma contribuição a esse estudo se primeiro fizer justiça à apresentação *marcana* da identidade e da atividade de Jesus Cristo.

Estudos marcanos recentes

Nos últimos anos, a cristologia do Evangelho de Marcos tem ficado cada vez mais em foco como dependente de duas designações de Jesus: "o Filho de Deus" e "o Filho do Homem". Os dois títulos não se opõem um ao outro, nem é apresentado um para corrigir o outro. Um segundo ponto com o qual geralmente se concorda é que existe um tema de segredo que cerca a identidade de Jesus, classicamente chamado de "segredo messiânico". Mas não há uma total concordância quanto a exatamente o que é mantido em segredo e por quê. Alguns biblistas procuram provar que existe uma cristologia fora do padrão por trás do título "Filho de Deus", cristologia essa que o evangelista tenta corrigir. Esse esforço não produziu muitos frutos, pois a imaginada falsa cristologia continua a ser assunto de conjeturas e não há concordância quanto a seu caráter específico. Um jeito melhor de ver a cristologia marcana é examinar o que Marcos tem a dizer a respeito de Jesus à medida que a narrativa se desenrola. Esse processo revela uma tensão no evangelho todo quanto à identidade de Jesus que só se resolve na cruz e é então plenamente entendida na crescente liderança dos discípulos por meio do Ressuscitado na nova Igreja. Prosseguirei, então, com uma cristologia narrativa na qual examino a identidade de Jesus à medida que Marcos a revela na trama contínua do evangelho.

Uma narrativa cristológica do Evangelho de Marcos

O prólogo do evangelho (1,1-13)

O título original do Evangelho de Marcos é o primeiro versículo, uma sentença incompleta: "Princípio do Evangelho de Jesus Cristo [Messias], Filho de Deus". A atribuição a Marcos ("segundo Marcos") só ocorreu mais tarde na tradição cristã e ainda mais tarde surgiu o nome: "Evangelho segundo Marcos". Assim, o autor original do evangelho decidiu intitular sua narrativa com uma identificação do protagonista, Jesus. Sabemos que Marcos considera essa descrição uma identificação correta (embora parcial) de Jesus porque quando o Sumo Sacerdote pergunta se ele é "o Messias, o Filho do Deus Bendito [Deus]", o próprio Jesus responde com um sonoro "Eu sou" (14,61.62).

Messias

É bem sabido que no tempo de Jesus o povo judeu esperava uma figura salvadora a quem chamavam o "messias", palavra hebraica que significa "o ungido". Esse termo é empregado no Antigo Testamento para várias personagens, mas aplica-se principalmente ao rei, o representante terreno de Deus, que para os israelitas sempre foi o verdadeiro soberano de Israel.

Nos oráculos dos profetas exílicos e pós-exílicos, surgiu a idéia de um Davi *redivivus*, um rei futuro que seria um soberano ideal como o rei Davi, que restauraria sua dinastia decaída em nova efusão do poder divino. Entretanto, em todo o Antigo Testamento, essa figura esperada é chamada pelo nome "messias" apenas uma vez, em Dn 9,25-26. Somente nos textos judaicos pós-bíblicos, antes e no tempo de Jesus, que a figura de um "messias" esperado torna-se bastante popular. Baseados na esperança veterotestamentária de um rei salvador semelhante a Davi, os judeus passaram a esperar um "Messias" que seria o redentor de Israel por seu grande poder e suas espantosas façanhas para transformar a nação deles no centro de um mundo renovado.

Embora Marcos realmente identifique Jesus como o esperado Messias, é evidente que esse título não faz justiça a seu papel no plano de Deus, pois Marcos vê a necessidade de esclarecer melhor o messiado de Jesus pelo acréscimo imediato de um segundo título em sua introdução: "Filho de Deus". Além disso, quando Pedro responde corretamente à pergunta de Jesus: "Quem dizeis que eu sou?", em 8,29: "Tu és o Cristo", Jesus adverte os discípulos para não falarem a ninguém a seu respeito. É porque a designação "Cristo" ("Messias" em grego) deve ser completada pelas palavras seguintes da boca de Jesus, quando "começou a ensinar-lhes: 'O Filho do Homem deve sofrer muito [...], ser morto e, depois de três dias, ressuscitar" (8,31; repetido em 9,31; 10,33-34). Jesus questiona claramente a expectativa comum do Messias como Filho de Davi (= soberano judeu com grande poder temporal) em 12,35-37, e mesmo quando está morrendo pendurado na cruz os chefes dos sacerdotes e os escribas escarnecem dele por não ser o "messias" que eles esperavam.

O Filho de Deus

Nas línguas hebraica e aramaica do Antigo Testamento, a expressão "filho de X" era usada para definir um indivíduo como participante do círculo de alguma pessoa ou grupo prontamente identificável, ou a ele pertencente. Por exemplo, "os filhos dos profetas" é designação comum para um grupo de videntes do Antigo Testamento. A expressão "filho de" denota até mesmo uma qualidade comum, quando Jesus chama Tiago e João de "filhos do trovão" nos evangelhos. Os convidados das bodas em Mc 2,19 são literalmente "os filhos da sala nupcial" (TEB, nota) e até as flechas são chamadas "filhos da aljava" em um texto poético (cf. Lm 3,13, TEB, nota). Assim, a designação bíblica "filho de Deus" foi usada no Antigo Testamento para muitas personagens, a fim de indicar a relação estreita do indivíduo com o poder e a dignidade de Deus.[1] Por exemplo, os anjos são chamados filhos de Deus no Antigo Testamento, como o são os profetas do próprio Israel, o justo em Sb 2,13-18 e, em especial, os reis de Israel.

Além de tudo isso, no mundo helenístico onde os leitores de Marcos viviam (Marcos escreveu na língua grega), alguns imperadores e reis referiam-se a si mesmos como "filho de Deus", e o popular filósofo estóico Epicteto chamava todos os seres humanos virtuosos de "filhos de Deus". Assim, é difícil determinar exatamente o que Marcos quer dizer com "[o] Filho de Deus", e ele nunca faz uma digressão teológica abstrata de sua narrativa para nos explicar exatamente o que quer dizer com seus títulos cristológicos. Portanto, é melhor iniciar com a narrativa do próprio evangelho, a partir do prólogo, para ver como o evangelista começa a levar o leitor ou ouvinte para o entendimento marcano de quem é Jesus.

Bem na primeira passagem do prólogo (cf. 1,2-3), que é na verdade uma revelação particular para o leitor, uma combinação de textos veterotestamentários foi reunida aparentemente de Êxodo, Malaquias e Isaías, curiosamente citados por Marcos como "conforme está escrito no profeta Isaías". Esse fato leva-nos a desconfiar de que Marcos não tinha cópias de todos os livros veterotestamentários à sua frente, mas apropriou-se de um *florilegium* (latim "ramalhete", com o significado de coletânea selecionada de textos veterotestamentários) da pregação cristã primitiva. Ele reconheceu a última parte dessa tradição cristã primitiva como sendo de Isaías, o profeta mais importante para sua apresentação de Jesus, e simplesmente

---

[1] Para perfeita clareza citamos por completo o falecido biblista católico e membro da Pontifícia Comissão Bíblica, Raymond E. BROWN: "Para evitar confusão, é bom nos lembrarmos de que chamar alguém de 'filho' em relação a Deus é ambíguo. O significado não tem de ser filiação divina no sentido próprio de se ter origem em Deus, de modo a se ter a natureza divina, mas pode ser apenas uma relação especial com Deus". *An Introduction to New Testament Christology*. New York, Paulist, 1994. p. 80. Isso, já se vê, não nega nada quanto à identidade divina de Jesus Cristo, mas permite-nos traçar a evolução desse entendimento de uma forma irrefutável e histórica.

atribuiu a citação toda a Isaías. Eis as três partes desse importante texto introdutório em Mc 1,2-3:

a) Eis que envio o meu mensageiro diante de ti,

b) a fim de preparar o teu caminho;

c) voz do que clama no deserto: preparai o caminho do Senhor, tornai retas suas veredas.

A parte *a* é de Ex 23,20, bem conhecida como palavras dirigidas a Israel no deserto e, por isso, talvez tenhamos aqui uma identificação de Jesus como representante do povo de Deus. Entretanto, ainda mais importantes são as duas mudanças textuais feitas nos textos veterotestamentários citados a seguir. A parte *b* é de Ml 3,1, em que Deus envia um mensageiro para preparar "meu caminho [o caminho de Deus]", mas na citação marcana o mensageiro deve preparar "teu" caminho. No contexto, a palavra divina dirige-se a Jesus como aquele cujo caminho ("teu caminho") será preparado por João Batista (que é introduzido no versículo 4 que se segue). Assim, para Marcos, o caminho de Deus é agora o caminho de Jesus. A parte *c*, a última da série, diz: "Preparai o caminho do Senhor, tornai retas *suas* veredas", onde um caminho *"para Iahweh"* está em Is 40,3. O resultado é que na versão marcana do texto Deus refere-se a Jesus com o epíteto divino "Senhor" e desse modo equipara o ministério de Jesus aos caminhos [= ao plano] de Deus. Portanto aqui, bem no início do evangelho, Marcos identifica Jesus estreitamente com Deus e indica que o "caminho" e as "veredas" de seu ministério são idênticos ao desígnio de Deus para a salvação da humanidade, embora Jesus também seja considerado representante do povo de Deus, Israel.

Depois de ser batizado por João, Jesus tem uma experiência religiosa fortalecedora. Rompe-se a barreira entre o céu e a terra, o Espírito desce até Jesus, e a voz de Deus proclama: "Tu és o meu Filho amado, em ti me comprazo" (Mc 1,11). Agora o leitor entende perfeitamente que Jesus é o Filho de Deus. Deus o afirmou. Mas também essa afirmação divina está cheia de alusões veterotestamentárias. No Sl 2, antiga liturgia de coroação, o recém-abençoado rei de Israel diz: "Vou proclamar o decreto de Iahweh: / Ele me disse: 'Tu és meu filho, / eu hoje te gerei'" (v. 7). Assim, é-nos apresentada a idéia de que Jesus é o Filho de Deus como os reis de Israel de antigamente, os representantes régios da obra divina de salvação na terra.

Entretanto, é na narrativa do Gênesis do Aqedah, o sacrifício de Isaac (cap. 22), que a expressão "filho amado" aparece inúmeras vezes Aqui a tradição cristã marcana talvez aluda a essa oferenda sacrifical veterotestamentária, pois a morte de Jesus foi seu ato supremo como Filho obediente de Deus. Mas o resto da declaração de Deus em Mc 1,11 se parece muito com o que Deus diz em Is 42,1: "Eis o meu servo que eu sustento, o meu eleito, em quem tenho prazer". Esse texto dá-nos a chave para a parte final da identidade de Jesus como Filho de Deus no Evangelho de Marcos. A segunda parte do livro de Isaías (caps. 40-55) contém quatro belos cantos nos quais Deus fala de um Servo especial cujo destino é a glorificação por meio do sofrimento pelo povo de Deus. Aqui Marcos cita livremente o primeiro canto do Servo (cf. Is 42,1) para prenunciar o destino sofredor de Jesus. Assim, na voz celeste de 1,11 Jesus é-nos apresentado como Filho de Deus, o representante régio de Deus, de quem o sofrimento vindouro será um sacrifício para a salvação do povo de Deus.

João Batista cumpriu sua tarefa ("preparar o teu caminho") ao reconhecer-se indigno de anunciar "o mais forte do que eu" (1,7). Jesus toma o tema do "forte" na parábola do homem forte (cf. 3,27); refere-se ao poder absoluto de Jesus sobre "o Príncipe deste mundo", Satanás. Em 1,8, o Batista continua e diz que Jesus batizará com o Espírito Santo. Imediatamente depois que Jesus recebe esse poderoso dom do Espírito, este o impele para o deserto a fim de ser tentado por Satanás e derrotá-lo (cf. 1,12-13). Agora os leitores entendem por que, mais tarde em seu ministério, Jesus nunca tem a menor dificuldade para expulsar demônios.

Em suma, portanto, bem no início do evangelho Marcos apresenta Jesus ao leitor como Messias, Filho de Deus, representante régio que com sua obediência a Deus trará a salvação para o povo de Deus. Ouvimos a voz de Deus dirigir-se a Jesus e chamá-lo "Filho", mas que também introduz o elemento de sofrimento redentor e o sacrifício de um filho amado como Abraão, tema reforçado à medida que o evangelho se desenrola.

Esta apresentação de Jesus no prólogo como Filho de Deus confirma-se em todo o resto do evangelho, onde ouvimos Jesus ser chamado Filho (de Deus) mais sete vezes. Em 3,11, um relato afirma que assim que o viam os espíritos impuros reconheciam Jesus como o Filho de Deus ("filho do Deus altíssimo" em 5,7), evidentemente por terem um conhecimento sobrenatural. Ao citar sua identidade secreta, eles tentam conseguir magicamente o controle sobre ele e afastar seu poder de exorcismo. Em todos os casos, seus esforços para neutralizar a autoridade de Jesus sobre eles fracassa por completo e Jesus os reduz ao silêncio expulsando-os da pessoa atormentada. A estratégia deles era atrapalhar a obra salvífica de Jesus, identificando-o como representante régio do Deus da expectativa popular da época. A história mostra que o povo da Palestina estava muito ansioso para agarrar-se a um messias popular que destruiria o poder imperial romano e restauraria a grandeza da monarquia davídica. Mas Marcos apresenta um Deus que não empregará a violência contra os poderes violentos deste mundo. Ao contrário, Jesus revela ao máximo seu Pai celeste e é mais obviamente o Filho de Deus no momento de sua morte salvífica, como proclama o centurião em 15,39. Na noite anterior, Jesus afirmara sua identidade como Filho do Deus Bendito no momento de sua condenação à morte pelo Sumo Sacerdote (cf. 14,61-64). Deus reafirmara essa filiação e a proclamara aos discípulos na voz do céu durante a transfiguração: "Este é o meu Filho amado; ouvi-o" (9,7). O que Jesus diz por palavras e ações fala a verdade a respeito de Deus e do plano de Deus para todos nós. Na parábola dos vinhateiros assassinos, Jesus é o filho que será morto pelos arrendatários maus, figuras alegóricas que os chefes dos sacerdotes, os escribas e os anciãos reconheceram referirem-se a eles e que segundo Marcos procuravam prender Jesus (cf. 12,12). Finalmente, Jesus chama a si mesmo de "Filho", no discurso escatológico (cf. 13,32), quando admite que só o Pai sabe o momento exato "daquele dia".

A cristologia da primeira parte do evangelho

Na primeira parte de seu evangelho (cf. 1,14-8,26), o evangelista descreve o início do ministério de Jesus na Galiléia. Quando Jesus vai de cidade em cidade, Marcos apresenta-o como incansável proclamador do Reino de Deus, poderoso fazedor de milagres e mestre sábio com grande autoridade.

Proclamador

Quando o evangelho começa, a primeira tarefa de Jesus é proclamar o Reino de Deus. O resumo inicial que Marcos faz do ministério de Jesus (cf. 1,14) apresenta-o "proclamando" o Reino. Bem no início de seu ministério, Jesus rejeita a repentina popularidade provocada por seu sucesso nas curas. De modo específico, ele rejeita o convite de Pedro para aproveitar-se da fama que se espalhava: "Todos te procuram" (1,37). Ao contrário, ele insiste em ir para outras aldeias onde sua mensagem ainda é desconhecida, "a fim de pregar também ali, pois foi para isso que eu saí" (1,38). Em toda esta primeira parte do evangelho, Jesus circula e proclama o Reino por palavras e ações, em parábolas e debates quanto à verdadeira natureza da vontade de Deus.

Examinarei a mensagem de Jesus nas parábolas no próximo capítulo, pois elas tratam principalmente do Reino de Deus. Entretanto é nas narrativas de debates do evangelho que a identidade de Jesus dá-se a conhecer com maior clareza. Marcos agrupou suas seleções dessas narrativas originárias da tradição de Jesus em vários segmentos. No primeiro conjunto ele alinhou cinco debates (cf. 2,1-3,6). Descobrimos aqui que a liderança religiosa da Galiléia ofende-se com todos os aspectos do ministério de Jesus. Os primeiros a discordar são os escribas, provavelmente os líderes da sinagoga local, em seguida alguns fariseus, a seita dos que exigem o estrito cumprimento da Lei e da "tradição dos antigos", nome em código que Marcos dá ao Código de Pureza.

Nesses textos, Jesus refere-se a si mesmo duas vezes como "o Filho do Homem", título introduzido no texto sem preparação nem explicação e, o que é mais notável, sem reação por parte dos ouvintes. "O Filho do Homem" reflete a figura celeste do livro de Daniel (cf. 7,13), a quem Deus no céu outorgou "o império, a honra e o reino". Já que Marcos deixa a explicação desse título essencial para mais tarde, adiaremos nossa análise dela até chegarmos a esses textos. Entretanto, é importante mencionar que já no início de seu ministério Jesus afirma ter "poder de perdoar pecados na terra" (2,10) e ser "senhor até do sábado" (2,28), territórios que a religião judaica reservava exclusivamente a Deus. A Filiação divina de Jesus não é título honorário, mas uma realidade (celeste) que lhe permite agir diretamente para trazer a misericórdia divina para os necessitados. Este autor é a causa da relação hostil que os líderes religiosos cultivam imediatamente com Jesus, que não observa o Código de Pureza quando come com gente simples e ignora as regras do sábado.

Depois de um breve interlúdio em que Marcos mostra Jesus proclamando e curando cercado de grandes multidões (cf. 3,7-19), vemos a reação negativa dos parentes de Jesus e de alguns escribas de Jerusalém (que prevêem o destino de Jesus naquela cidade). Em resposta aos parentes que dizem "Enlouqueceu" (3,21), Jesus proclama que sua mãe e seus irmãos e irmãs verdadeiros são os que fazem a vontade de Deus (cf. 3,35). Às acusações dos escribas de que está possuído, ele retruca que eles têm uma lógica estúpida (cf. 3,23-26). Além disso, dizer que ele está ligado a Satanás não é nada menos que blasfêmia contra o Espírito Santo, o qual o leitor sabe que Jesus recebeu depois do batismo. Os escribas cometeram um pecado eterno (cf. 3,29).

Importante narrativa para a identidade de Jesus é o relato de Marcos no início do capítulo 6. Enquanto Jesus ensinava na sinagoga de sua cidade natal de Nazaré, as pessoas "escandalizavam-se dele" porque não entendiam onde um vizinho teria recebido tal sabedoria. Dizem: "Não é este o carpinteiro, o filho de Maria, irmão de Tiago, Joset, Judas e Simão?" (6,3). A resposta de Jesus é bem interessante: "Um profeta só é desprezado em sua pátria, em sua parentela e em sua casa" (6,4). Aqui Marcos nos diz que em seu ministério de proclamação Jesus se considera um profeta, algo que muitas outras pessoas pensavam a respeito de Jesus (cf. 6,15; 8,28). Os profetas do Antigo Testamento eram muito bem conhecidos do povo como os escolhidos por Deus para desafiar constantemente a liderança do povo de Deus. Jesus envia, então, os doze discípulos que havia constituído especialmente para "pregar e terem autoridade para expulsar os demônios" (3,14-15), para pregar o arrependimento (cf. 6,12), advertindo que também eles serão bastante controversos em seu ministério.

Em longo diálogo (cf. 7,1-23), os fariseus e alguns escribas de Jerusalém confrontam Jesus sobre a questão essencial para todo o Código de Pureza: alimento puro e impuro. Jesus responde-lhes censurando-os por desprezarem a Lei de Deus para observarem a "tradição" deles mesmos e ataca-os frontalmente ao declarar todos os alimentos puros (cf. 7,19). Assim, Jesus confunde todos os que participam da liderança religiosa da Galiléia com respostas diretas nas quais ele apresenta com extraordinária autoridade o ponto de vista divino em assuntos essenciais às dimensões religiosas e sociais da vida judaica. Ele mostra que os escribas e os fariseus estão muito longe da verdade do que Deus quer para o povo da aliança de Deus.

Fazedor de milagres

De suma importância na identificação que Marcos faz de Jesus é sua atividade de fazer milagres, embora ela se restrinja quase inteiramente à primeira parte do evangelho (caps. 1-8). Jesus é apresentado como um fazedor de milagres que realiza "poderosos atos e sinais" de três tipos: curas, exorcismos e o que é chamado de "milagres da natureza". Marcos registra cerca de dez curas milagrosas antes de Jesus chegar a Jerusalém no capítulo 11. Esses milagres são traços constantes do ministério de Jesus e não algo de que Marcos se envergonhe. Alguns intérpretes do segredo messiânico afirmam que Marcos foi forçado por suas tradições a incluir os milagres em seu evangelho, mas os subestima, identificando-os como "ensinamento" ou pelas ordens que Jesus dá para silenciar sobre o assunto. Na verdade, Jesus às vezes realmente proíbe os que foram curados de proclamar o que aconteceu, mas ele o faz a fim de proteger contra as falsas esperanças de um messias terreno tão facilmente despertadas nas multidões. Como vimos, no início de seu ministério (cf. 1,38), Jesus deixa clara sua atitude quanto a esse tipo de notoriedade. Mas as narrativas das curas por Jesus são essenciais para um entendimento correto de quem ele é. De fato, elas são uma parte essencial de seu "ensinamento" sobre o Reino.

No ministério de cura Jesus não se engrandece, mas em todos os casos ele confia em Deus e, não raro, convida os doentes a ter a mesma fé que ele tem na bondade e no poder salvífico de Deus. Jesus traz salvação para os doentes e incapazes, e os convida a voltarem a seu lugar apropriado na sociedade. Por exemplo, suas curas permitem à sogra de Pedro cuidar de seus afazeres domésticos (cf. 1,31), ao leproso curado ir mostrar-se ao sacerdote, conforme preceituado pela Lei e, assim, ser reintegrado na sociedade (cf. 1,45), ao ex-paralítico voltar para seu lugar apropriado em casa (cf. 2,11-12) etc. Jesus realiza a obra divina de reintegrar a criação e fazer voltar os marginalizados pelas regras injustas do Código de Pureza religiosa. Tudo isso salienta a principal tarefa de Jesus como Marcos o apresenta: ele proclama a todas as pessoas de boa vontade uma participação igual e livre no Reino de Deus.

É importante observar como Marcos e a tradição cristã primitiva apresentam Jesus em seu ministério de cura. Jesus caminha com o povo; ele o ouve e tem piedade dele. Para manifestar a profundidade da compaixão de Jesus, Marcos usa uma palavra muito forte e mostra a emoção de Jesus quando confrontado com o desamparo dos necessitados. Quando um leproso implora a Jesus para livrá-lo de sua doença marginalizadora, e duas vezes quando as multidões que o seguem estão com fome, Marcos usa o verbo *splanchnizomai*, "ser movido pela compaixão", para indicar a resposta de Jesus à situação. A raiz deste verbo significa "vísceras, os órgãos internos" de um ser humano e, assim, indica uma forte reação emocional, até física. Em diversas outras narrativas, Jesus pára o que está fazendo, comovido pela presença de injustiça, como quando a viúva põe suas últimas moedas no tesouro do Templo, ou pelos efeitos negligenciados da doença ou da incapacidade, como nos casos do menino epilético endemoninhado (cf. 9,19) e do cego Bartimeu (cf. 10,47-49). Jesus se comove muito com os desventurados porque, como Filho de Deus, ele entende melhor que ninguém a profunda dignidade do ser humano como criatura de Deus cuja vontade é de salvação e felicidade para todos.[2]

O poder de Jesus sobre as forças sobrenaturais do mal já foi demonstrado no prólogo, mas ele continua uma espécie de operação "de limpeza" à medida que segue seu caminho e destrói o reinado absoluto do mal, sem luta, sem nenhum indício de fracasso. Diversas vezes os possuídos pelo demônio mostram-se com uma doença específica, mas Marcos quase sempre chama os demônios de "espíritos impuros". Isso é importante porque entendia-se que o aspecto verdadeiramente desumanizador de ser possuído pelos demônios era que as pessoas vitimadas ficavam ritualmente impuras e, portanto, eram afastadas do convívio social normal. Para o judeu do século I, essa marginalização era uma total negação da significância da vida. Jesus expulsa os demônios simples e eficazmente, e os possuídos são devolvidos a seu lugar apropriado na sociedade, recriados, por assim dizer, como seres humanos perfeitos mais uma vez ou até pela primeira vez. "Cala-te e sai dele" (1,25): com essas palavras Jesus devolve o controle da vida ao homem possuído.

Os "milagres da natureza" que Jesus realiza, seus feitos estupendos de alimentar duas vezes a multidão com uns poucos pães, de acalmar uma tempestade no mar e caminhar sobre a água são todos orquestrados para mostrar que seu poder vem de Deus. São apresentados em metáfora muito semelhante à do profeta Eliseu (que milagrosamente alimenta cem pessoas em 2Rs 4,42-44) e imitam o domínio absoluto que Deus tem sobre o mar, o mítico símbolo do caos no Antigo Testamento (cf. Sl 65,8; 106,9; Jn 1,4). Esses "milagres da natureza" dão aos discípulos um vislumbre do glorioso destino final do Filho de Deus e seu banquete messiânico. Bem parecido com o que acontece na transfiguração (cf. 9,2-8), é aberto o véu que esconde da percepção terrena a realidade celeste do Filho de Deus.

---

[2] João Luiz CORREIA JÚNIOR. A pedagogia da missão. *EstBib* 64, 1999. p. 67.

Mestre

Na primeira parte do evangelho, além da apresentação marcana de Jesus como proclamador e fazedor de milagres, Jesus é também duas vezes chamado "mestre", e seu "ensinamento" é mencionado treze vezes. Na primeira menção do ensinamento de Jesus, vemos o hábito que Marcos tem de repetir o que quer salientar: Jesus *"ensinava* [...]. Estavam espantados com o seu *ensinamento*, pois ele os *ensinava* como quem tem autoridade" (1,21.22). Marcos não nos revela o conteúdo desse ensinamento, mas só que todos se admiram quando ele expulsou o espírito impuro. Então eles dizem: "Que é isto? Um novo ensinamento com autoridade!" (1,27). A segunda menção do ensinamento de Jesus (cf. 2,13) é também sem registro do que Jesus disse, mas a narrativa fala que Jesus chamou Levi, o coletor de impostos, para segui-lo. Esses episódios nos mostram que, para Marcos, o ensinamento de Jesus está não só no que ele diz, mas também no que ele faz. Na primeira narrativa ele liberta um ser humano, ao expulsar um demônio (cf. 1,23-26), e na segunda ele reintegra na sociedade uma pessoa marginalizada e até a convida para ser um seguidor, derrubando, desse modo, as barreiras entre puro e impuro (cf. 2,14). Marcos confirma o fato de Jesus ensinar sobre o Reino de Deus em suas ações quando diz mais tarde que Jesus "ensina" que ele *"deve* sofrer muito [...] [e] ser morto" (8,31; cf. 9,31). A palavra grega *dei* ("dever; é necessário que") indica a vontade de Deus, isto é, a verdadeira exigência do Reino (cf. 13,7.10; 14,31).

Uma segunda série de ensinamentos ocorre nas parábolas de Jesus no capítulo 4, e em 4,33-34 Marcos indica por meio de repetição que Jesus nada ensinava *a não ser* em parábolas. As parábolas serão analisadas no próximo capítulo, mas aqui devemos mencionar que o Jesus de Marcos ensina que para entender as parábolas é preciso seguir seu exemplo de uma vida de dedicação total à vontade de Deus, quer na tribulação, quer na perseguição ou nos cuidados do mundo (cf. 4,17-19).

A cristologia da segunda parte do evangelho

O momento decisivo do evangelho todo ocorre no meio, em uma passagem em Cesaréia de Filipe. Aqui Jesus revela aos discípulos sua identidade completa, a saber, que ele, sendo o Messias, Filho de Deus, deve sofrer a fim de completar a tarefa que Deus lhe atribuiu, a fim de cumprir seu destino como "o Filho do Homem". Em resposta à pergunta de Jesus aos discípulos, Pedro dá a resposta certa: "Tu és o Cristo" (8,29). Os leitores e ouvintes do evangelho sabem que nessas circunstâncias a resposta está certa, mas ficamos surpreendidos com a reação de Jesus quando ele manda todos guardarem silêncio sobre o assunto. É esse o drama que Marcos usa para nos ensinar que o messiado de Jesus é apenas parte de sua identidade e que mesmo assim o messiado deve ser entendido de uma nova maneira. Jesus continua e diz que "o Filho do Homem deve sofrer muito [...], ser morto e, depois de três dias, ressuscitar" (8,31). Nessa resposta aprendemos que Jesus pode realmente ser considerado o Messias aguardado pelo povo judeu, mas que ele é o Messias que Deus planejou, não o herói tirânico que o povo esperava.

Quando Pedro protesta contra o anúncio que Jesus faz de seu sofrimento inevitável, Jesus o recrimina com firmeza, chama-o de Satanás e diz: "Não pensas as coisas de Deus, mas as dos homens!" (8,33). Jesus não provocará a violência militar e política que as pessoas esperavam para a vitória de Israel. Ao contrário, como o verdadeiro Messias de Deus, ele realizará o sacrifício de si mesmo para a salvação de Israel e para lhe dar um exemplo. Ele será a personificação do Servo Sofredor, mencionado no livro de Isaías, que "oferece a sua vida como sacrifício pelo pecado [...]. Pelo seu conhecimento, o justo, meu Servo, justificará a muitos, [...] levou sobre si o pecado de muitos" (Is 53,10-12). Mas a peça final do enigma da identidade de Jesus é esse título estranho, o Filho do Homem, pois Jesus diz que "o Filho do Homem deve sofrer muito".

O Filho do Homem

O título "o Filho do Homem" é a chave para a perfeita interpretação de Jesus por Marcos como o Messias, Filho de Deus, aquele que com sua morte sacrifical inicia o Reino de Deus. Essa designação singular é empregada catorze vezes no Evangelho de Marcos, mas só pelo próprio Jesus, nunca por um discípulo ou outra pessoa. Para entender seu sentido, precisamos nos voltar novamente para os textos judaicos antigos, pois a expressão, literalmente "o filho de um ser humano", não tem nenhum sentido específico em grego fora do judaísmo. Como vimos, no idioma semita "filho de X" denota uma relação estreita com alguém ou um grupo. No caso da expressão "filho do homem", nas línguas hebraica e aramaica, não é nada mais que expressão comum para "um ser humano" ou "alguém".

Embora a expressão como título, isto é, "*o* Filho do Homem", não ocorra em nenhum texto pré-cristão, os cristãos vêem uma ligação desse título dado a Jesus com uma figura misteriosa do capítulo 7 do livro de Daniel. Em uma visão cheia de animais monstruosos que oprimem o povo de Deus, aparece "um como Filho de Homem" para governar não só Israel, mas todas as nações da terra. É importante notar que aqui "um filho de homem" não é um título na língua (aramaica) dessa parte de Daniel, mas apenas o modo comum de falar sobre "alguém, um ser humano". O texto deixa claro que, em contraste com os animais mencionados anteriormente, uma figura *humana* vem "sobre as nuvens do céu" e "a ele foi outorgado o império, a honra e o reino" sobre todas as nações eternamente (cf. Dn 7,13-14). É discutível se essa gloriosa figura humana é imaginada como uma figura celeste por seus próprios méritos ou é mais ou menos uma imagem poética (personalidade coletiva) para a soberania de Israel. De qualquer modo, a personagem *representa* o povo de Deus, Israel, pois na explicação celeste da visão é dito a Daniel que, como a figura do "filho de homem", "os que receberão o *reino* são os santos [= Israel] do Altíssimo, e eles conservarão o reino para sempre, de eternidade em eternidade" (Dn 7,18).

O título aparece realmente em um escrito judaico do século I, as *Similitudes de Henoc*. Esse texto diz que uma figura chamada "o Filho do Homem", também identificada como "o Eleito", foi criada antes dos tempos para ser o juiz escatológico no fim dos tempos. Um apêndice a outra de suas visões identifica o Filho do Homem com a figura veterotestamentária de Henoc, que, depois de subir ao céu (cf. Gn 5,24), transformou-se no juiz escatológico. É provável que nesse escrito tenhamos um exemplo de especulação judaica independente a respeito de Dn 7,13, que promete um redentor cósmico que ultrapassa as expectativas de um Messias davídico.

Em outro texto judaico do fim do século I, *4 Esdras*, o profeta tem uma visão na qual ele vê "como se fosse um *homem*", que sobe do mar e monta nas nuvens. Essa figura reunirá as tribos dispersas e julgará os ímpios. Embora escasso, esse material ajuda a confirmar que em alguns círculos de especulação teológica judaica a misteriosa figura de Dn 7,13 era considerada um redentor semelhante a um messias. Entretanto, para obter um entendimento mais específico do que a comunidade *cristã* primitiva queria dizer com o título "o Filho do Homem", precisamos examinar a tradição evangélica a respeito do "Filho do Homem" anterior ao Evangelho de Marcos.

Embora nunca se encontre nos escritos de são Paulo, o título aparece em tradições de ditos comuns a Mateus e Lucas, mas não encontrados em Marcos. Os textos de "dupla tradição" são amplamente considerados como tendo sido copiados independentemente por Mateus e Lucas de uma coletânea mais primitiva de ditos de Jesus, que os biblistas em geral chamam de "Fonte Q". Aqui há dez ditos nos quais o título "o Filho do Homem" refere-se claramente a Jesus em dois contextos. No primeiro, o Filho do Homem é aquele de quem a vinda gloriosa é aguardada no fim dos tempos (cf. Lc 12,8.40; 17,22.24.26.30 e paralelos mateanos), figura muito parecida com a de Dn 7,13. Mas o título é também empregado como autodenominação para Jesus durante seu ministério terreno como representante altruísta de Deus por meio de quem proscritos religiosos são acolhidos na aliança de Deus (cf. Lc 7,34; 9,58; 11,30; 12,10 e paralelos mateanos). Para explicar este segundo emprego, podemos examinar o livro de Ezequiel, no qual Deus dirige-se ao profeta mais de noventa vezes como "filho do homem". Nele vemos o chamado de Deus ao profeta em toda a sua fraqueza humana, em contraste com a onipotência divina; e contudo Deus ordena a esse profeta humano que pregue a mensagem de julgamento e salvação que será rejeitada por seus ouvintes. Assim, o glorioso "Filho do Homem" que virá é identificado na Fonte Q com o mesmo Jesus, o humilde ser humano que Deus encarregou de reunir todos os fiéis na nova aliança divina.

Quando nos voltamos para o Evangelho de Marcos, encontramos catorze declarações nas quais o título "o Filho do Homem" ocorre. Sete delas encaixam-se nas duas categorias usadas na Fonte Q, mas há um terceiro emprego marcano no qual são mencionados o sofrimento e a morte do Filho do Homem. Portanto, há em Marcos três tipos de declarações de "Filho do Homem": as que se referem à atividade atual de Jesus, sua ressurreição e volta gloriosa depois disso, e seu sofrimento e morte. Marcos emprega o título "o Filho do Homem" na primeira categoria apenas duas vezes e ambas estão na primeira parte do evangelho. Nesses textos, a identificação de Jesus com a figura celeste de "um como Filho de Homem" em Daniel apresenta ao leitor a típica visão apocalíptica de poder divino que opera nas esferas celeste e terrena da história. Como o Filho do Homem, Jesus "tem poder de perdoar pecados *na terra*" (2,10) e "é senhor até do sábado" (2,28), duas prerrogativas divinas, porque ele recebeu de Deus já bem no início do ministério "o império, a honra e o reino" (Dn 7,14).

Essa honra estava geralmente escondida durante o ministério de Jesus, mas sua plena manifestação é o tema de três ditos de Filho do Homem da segunda categoria, que são semelhantes aos da Fonte Q, nos quais Jesus prediz que voltará como o Filho do Homem na glória do seu Pai com os santos anjos (cf. 8,38; 13,26; 14,62). No quarto desses ditos "do futuro", Jesus ordena aos discípulos depois da transfiguração que não contem a ninguém a respeito de sua glória celeste que haviam acabado de presenciar "até quando o Filho do Homem tivesse ressuscitado dos mortos" (9,9). Isso significa que até depois de seu sofrimento, morte e ressurreição, que estavam prestes a acontecer, a glória de sua transfiguração só poderia ser mal entendida, como de fato o foi por Pedro (cf. 9,5-6). Eis, então, o elo com o terceiro e mais freqüente emprego do título "o Filho do Homem" em Marcos e a ênfase especial do evangelista em oito usos desse título. Jesus é de maneira muitíssimo clara o Filho do Homem em sua paixão e morte (cf. 8,31; 9,12.31; 10,33.45; 14,21a.21b.41) porque é aqui que ele demonstra mais vigorosamente o poder, a glória e a realeza que recebeu do seu Pai. Nesse paradoxo inesperado, veremos o poder incrível de Jesus de permanecer humilde e confiante em Deus apesar de Deus se ocultar na mais assustadora ameaça à vida humana: a morte.

O ensinamento de Jesus na segunda parte do evangelho

Nesta breve segunda parte do evangelho (cf. 8,27-10,52), Jesus intensifica seu ensinamento, a princípio para o grupo íntimo dos discípulos, os Doze (cf. 8,34-38; 9,28-50; 10,35-45). A mensagem desse ensinamento é como seguir Jesus, isto é, como ser seu discípulo tomando a sua cruz (cf. 8,34), como superar o poder dos demônios (cf. 9,29) e como ser "o servo de todos" (9,35). Ele então passa a ensinar grandes multidões nas duas margens do rio Jordão (cf. 10,1-31). Mas aqui o conteúdo deste ensinamento são as preocupações de uma Igreja nascente: matrimônio e divórcio, a atitude inocente requerida de todos os seus membros e o mal do apego à riqueza. Essa mudança de público do grupo íntimo é certamente a indicação de Marcos de que Jesus proclamava o Reino não só aos discípulos de seu tempo, mas também aos fiéis cristãos para quem o evangelho foi escrito, os membros da esforçada Igreja de Marcos. Cristologicamente, então, podemos dizer com R. Schnackenburg que "o Jesus que ensina o povo de seu tempo transforma-se sem interrupção no Cristo que fala à Igreja".[3]

---

[3] Rudolf SCHNACKENBURG. *Jesus in the Gospels*; A Biblical Christology. Louisville (Ky.), Westminster/John Knox, 1995. p. 24.

Finalmente e na terceira parte do evangelho, Marcos salienta Jesus "ensinando" no Templo (cf. 11,17.18; 12,14.35.38). Aqui a autoridade de todos os líderes religiosos do Templo é contestada pela "autoridade" absoluta de Jesus (cf. 11,28.29.33), a qual ele recebeu de Deus para ensinar sobre o Reino de Deus e declarar quem está próximo dele, como o escriba perspicaz em 12,34, e quem não está, como os saduceus incrédulos em 12,24.

A cristologia da terceira parte do evangelho

Jesus e a religião do Templo

A parte final do evangelho começa com a entrada de Jesus em Jerusalém, montado em um jumentinho, o que é alusão óbvia à entrada em Jerusalém do pacífico rei e "salvador" de Zc 9,9. A multidão está errada em pensar no Reino "de nosso pai Davi" (11,10), pois Jesus ensina de modo muito diferente a respeito do Reino de Deus. Jesus não aceita nem essas idéias nacionalistas, nem o exclusivismo que afirma ser a religião do Templo correspondente ao plano de Deus para todas as nações.

Depois de purificar o Templo da atividade comercial exploradora, Jesus é questionado por todos os grupos de líderes religiosos que tiram sua força de sua religião institucional. Eles contestam a autoridade de Jesus para reformar e sua competência para interpretar a Lei de Deus, a Torá. Ironicamente, essa última demonstração da autoridade de Jesus para ensinar acontece no Templo (cf. 11,27-12,40), o local que sua autoridade absoluta substituirá, em uma prova final na qual ele derrota todos os que vêm contra ele, confundindo-os em todos os pontos. Ele diz que os chefes dos sacerdotes, os escribas e os anciãos (que formam o Sinédrio, a assembléia que o condenará à morte) não merecem resposta por serem insinceros. Além disso, Marcos nos diz que eles próprios reconhecem que Jesus deixou claro que *eles* são os vinhateiros homicidas (cf. 12,1-12) que matarão o "filho amado" de Deus, o dono da vinha. Na conclusão da parábola, o dono "virá e destruirá os vinhateiros e dará a vinha a outros".

Em seguida os fariseus e os herodianos confundem-se na tentativa de fazê-lo cair em uma armadilha, e os saduceus são silenciados porque desconhecem as Escrituras e o poder de Deus (cf. 12,24). Apesar de um membro bem-intencionado, Jesus condena a classe toda dos escribas pela ignorância a respeito do Messias, a hipocrisia e a exploração dos pobres em nome da religião (cf. 12,28-44).

Em todas essas controvérsias vemos que Jesus confronta os poderes religiosos dominantes sem ele próprio procurar o poder, pois em sua confiança em Deus sua liberdade é completa. Com autoridade sem precedente, ele desmascara a falsa "justiça" das elites religiosas e mostra que o Código de Pureza não expressa a santidade de Deus. Toda essa observância oficial somente oprime e marginaliza o povo, enquanto, na realidade, a misericórdia de Deus está perto de todos os que sofrem. Em uma sociedade de honra e vergonha, à medida que ele alcança cada vez mais honra em cada confronto, a liberdade e a modéstia de Jesus são demais para os líderes religiosos. Eles não suportam mais serem envergonhados em sua discussão pública com ele e por isso "ninguém mais ousava interrogá-lo" (12,34). Agora eles precisam recorrer às únicas armas que lhes restam, traição e violência (cf. 14,1-2).

Discurso escatológico

No cap. 13, Jesus sai da área do Templo e dá a um grupo íntimo de discípulos instruções sobre o futuro do Templo e a tribulação futura. Neste discurso, Jesus prediz que muitos falsos Messias virão em seu nome, mas que os cristãos não devem ser nunca enganados por eles. Quando Jesus vier como o Filho do Homem em esplendor escatológico, não haverá dúvidas a respeito.

A última ceia

Marcos nos diz que na época da Páscoa a aristocracia sacerdotal, que controlava o Templo, e seus lacaios, os escribas, conspiraram para por meio de um ardil prender Jesus e matá-lo (cf. 14,1). Enquanto Jesus faz a ceia da Páscoa, sua última ceia com os discípulos, ele abençoa um pão ázimo e um cálice de vinho, dizendo que são seu corpo e seu sangue (cf. 14,22-24). Quando modifica sua palavra sobre o vinho, dizendo: "Isto é o meu sangue, o sangue da Aliança" (14,24), ele alude diretamente à ratificação do Antigo Testamento, a Aliança do Sinai, por Moisés, que aspergiu o sangue dos novilhos sacrificais sobre o povo com as palavras: "Este é o sangue da Aliança que Iahweh fez convosco" (Ex 24,8). Com suas palavras na festa da Páscoa da antiga aliança, Jesus quer dizer que o sacrifício vindouro de seu corpo e sangue ratificará a nova aliança prometida pelos profetas de antigamente (cf. Os 2,20; Jr 31,31-34; Ez 16,60). Quando prossegue e diz sobre o vinho que seu sangue "é derramado *em favor de muitos*" (14,24), Jesus alude ao canto do Servo Sofredor em Is 53,11-12, como fez antes quando disse: "O Filho do Homem não veio para ser servido, mas para servir e dar a sua vida em resgate *por muitos*" (10,45). Assim, na última ceia, Jesus proclama o sentido de sua morte vindoura como sacrifício, resgate prognosticado no Antigo Testamento, que se aplica a todos que se unem à nova aliança.

A narrativa da paixão

Na narrativa da prisão, paixão e morte de Jesus, temos a culminância da identificação de Jesus por Marcos. Jesus não só sabe que deve sofrer e morrer, mas entende que será entregue aos inimigos por Judas, um de seus discípulos escolhidos, e negado por Pedro, outro deles. De fato, ao citar o profeta Zacarias, ele prediz que todos eles fugirão quando sua fé for abalada: "Ferirei o pastor, e as ovelhas se dispersarão" (Zc 13,7, citado em Mc 14,27). O fracasso de seu círculo íntimo — Pedro, Tiago e João — em vigiar com ele enquanto ele ora em "um lugar cujo nome é Getsêmani" só confirma que ele enfrentará sozinho sua morte vergonhosa. Marcos fala-nos da confrontação de Jesus com sua fraqueza humana, quando tenta partilhar com os discípulos sua profunda tristeza pelo que lhe ia acontecer: "A minha alma está triste até a morte" (14,34). Três vezes ele ora a Deus e implora para ser poupado de seu destino. Mas depois, grandemente fortalecido por sua prece íntima com "Abba", seu "Pai", está pronto para ser "entregue às mãos dos pecadores" (14,41). A experiência revolucionária que Jesus tem de Deus como Pai amoroso dá-lhe novos olhos para avaliar a realidade de sua situação e por isso com muita dignidade ele anuncia sua traição como o Filho do Homem e adianta-se para encontrá-la.[4] Recebe o beijo de Judas, repreende a multidão pela violência e calmamente afirma que seu destino é o cumprimento das Escrituras (cf. 14,49), quando os discípulos fogem em pânico, um deles literalmente abandonando as roupas para fugir (cf. 14,52).

É perante o Sinédrio, o supremo tribunal da religião do Templo, que Jesus provoca sua condenação depois que seu silêncio declara não terem

---

[4] Aprendi essa e muitas outras percepções do Evangelho de Marcos com Carlos MESTERS. Em relação à experiência de Deus como Pai, veja *Caminhamos na estrada de Jesus*; o Evangelho de Marcos. Conferência Nacional dos Bispos do Brasil, São Paulo, Paulinas, 1996. p. 117.

eles um caso contra ele. Com tremenda ironia, o Sumo Sacerdote exige uma resposta à identificação de Jesus que Marcos nos deu no primeiro versículo do evangelho: "És tu o Messias, o Filho do Deus Bendito?" (14,61). Jesus responde com a identificação que Deus deu de si mesmo a Moisés na sarça ardente: "Eu sou" (Ex 3,14) e acrescenta a parte final de sua identidade quando prediz: "E vereis o Filho do Homem sentado à direita do Poderoso" (14,62). Essa asserção absoluta de Filiação divina enfurece o Sumo Sacerdote e o resto do Sinédrio, e todos o condenam e julgam-no "réu de morte" por tal "blasfêmia" (14,64).

Nas narrativas da Paixão que se seguem, Marcos mostra como Jesus foi escarnecido, torturado e executado, exatamente como o justo sofredor descrito no livro da Sabedoria (cf. 2,12-22), outro modelo veterotestamentário de confiança total em Deus. Ele é entregue a Pilatos para ser condenado e executado como aspirante messiânico, falso "rei dos judeus", o jeito romano de dizer "Messias judeu". Os soldados confirmam esse julgamento quando, ao torturá-lo com gritos e golpes, zombeteiramente o saúdam: "Salve, rei dos judeus!" (15,18). Levam-no fora para ser crucificado, em uma parada de crueldade humana, na qual ele é escarnecido novamente, desta vez pelos aristocratas sacerdotais e seus lacaios, os escribas: "O Messias, o Rei de Israel [...], que desça agora da cruz, para que vejamos e creiamos!" (15,32). Mas a morte de Jesus supera esse julgamento de justiça romana e do Templo!

Depois de externar seus sentimentos de abandono na cruz orando Sl 22,2 ("Deus meu, Deus meu, por que me abandonaste?"), Jesus dá um grande grito antes de expirar (cf. 15,37). Ele expressa sua exasperação pela presunção humana de seus opressores em sua total incompreensão do plano de Deus e morre com um grito, não uma lamúria. Marcos nos informa que a morte de Jesus não é derrota, mas vitória para Deus quando o centurião declara: "Verdadeiramente este homem era filho de Deus!" (15,39).

Em sua morte pelos outros, Jesus manifesta perfeitamente a vulnerabilidade pela qual Deus continua a amar e confiar na humanidade, mesmo na pior situação. Em sua aparente fraqueza na cruz, Jesus é o "mais forte", que venceu para sempre o poder opressor e alienante de Satanás (cf. 3,27; 1,27). Esse, também, é o programa de Jesus para todos os que querem segui-lo, para todos os quais "o Filho do Homem [não] se envergonhará [...] quando vier na glória do seu Pai com os santos anjos" (8,38). É por essa razão que na interpretação de alguns dos antigos Padres da Igreja o título "o Filho do Homem" designa Jesus como o representante da humanidade. Eles o consideravam o ser humano ideal que viveu e morreu em conflito e sofrimento, completamente livre e fiel a Deus, seu Pai amoroso que não o abandonou no fim.

A morte brutal de Jesus na cruz é a chave para sua identidade e sua obra salvífica. Ele é o obediente Filho de Deus porque seu amor é o mesmo que o amor de Deus. Sua morte é oferecida, frágil e vulnerável, para a livre aceitação ou recusa de todos os seres humanos, sejam eles santos ou pecadores. A santidade do Deus de Jesus não é uma distância sagrada entre o "puro" e o "impuro", mas uma presença sofredora de amor que é maior que qualquer força violenta. O fato de Deus se ocultar no Calvário permite ao poder da obediência filial e confiança em Deus que Jesus tem manifestar-se plenamente. Na morte do Filho, diz Carlos Bravo, "Deus revela-se em uma teofania inversa [...] como um silêncio sofredor que denuncia nossa irresponsável ausência [humana] quando confrontados com a violência contra a vida".[5] Os perdedores foram os crucificadores, não o crucificado, pois todo poder opressivo é contra a vontade de Deus, e os seres humanos jamais suplantam o que Deus quer. Jesus predisse na última ceia (cf. 14,24) que sua morte seria o sacrifício sangrento que ratifica a prometida nova aliança de toda a humanidade com Deus. Nela eles identificam sua própria alma com a de Jesus em total aceitação da vontade de Deus em suas vidas.

Mas o silêncio da morte de Jesus não é a última palavra de Deus. Quando Deus ressuscita Jesus dos mortos, vemos o plano divino mais eficaz para a redenção da vida humana. Com efeito, todo aquele de nós "que perseverar até o fim, esse será salvo" (13,13) pelo poder de Deus em nossa ressurreição.

Ressurreição

Curiosamente, não há nenhuma narrativa de aparições depois da ressurreição no Evangelho de Marcos original, que termina em 16,8.[6] O acon-

---

[5] Veja as palavras reveladoras de Carlos Bravo quanto à descrição de Deus-Pai em Marcos, em *Jesús, hombre en conflicto*, pp. 298-300.
[6] Nota: O final mais longo (canônico) de Marcos (16,9-20) em nossas Bíblias tem algumas tradições quanto à aparição do Jesus ressuscitado, provavelmente reflexão de um autor mais tardio em Lc 24 e Jo 20. A

tecimento real da ressurreição de Jesus, que segundo Marcos ele predisse quatro vezes, é indicado ao leitor pela figura de um "jovem" que aparece misteriosamente às mulheres no túmulo vazio na manhã de Páscoa. Suas palavras enigmáticas a respeito de Jesus são: "Ressuscitou, não está aqui [...] ele vos precede na Galiléia" (16,6-7). Marcos não dá nenhuma explicação desse pronunciamento, e as mulheres fogem amedrontadas. (O que Jesus fará depois da ressurreição e a razão do grande medo das mulheres serão analisados no próximo capítulo.)

Conclusão

Resumir a cristologia do Evangelho de Marcos é muito difícil, pois quase toda a narrativa concentra-se na identidade de Jesus. No prólogo, Marcos dá ao leitor as informações confidenciais de que Jesus é o Messias aguardado em Israel e anunciado por João Batista. Ali, em uma passagem esclarecedora, temos uma rara aparição da presença divina para garantir o amor de Deus por seu Filho. Como representante régio de Deus, Jesus vencerá o poder maligno de Satanás que afasta as pessoas da sociedade e da confiança em Deus. Na primeira parte do evangelho, Jesus prega o Reino de Deus, a situação de estar no poder e na liberdade de Deus à qual todos os seres humanos são chamados, sejam eles pecadores ou mestres da lei. Seus milagres provocam perguntas e admiração, e seu diálogo com os líderes religiosos começa a eliminar o domínio mortal do exclusivismo religioso do Código de Pureza, quando Jesus acolhe todos no Reino.

Na segunda parte do evangelho Jesus anuncia que seus discípulos (e a Igreja) devem seguir seu caminho de serviço e sofrimento a fim de formar um novo Templo de Deus, que será "casa de oração para todos os povos" (11,17). Jesus é simultaneamente, de um lado, o único Filho de Deus com o poder e a autoridade divina para anunciar e realizar o Reino de Deus, e, do outro, o Servo Sofredor de Deus por cuja paixão e morte os fiéis são libertados do poder de Satanás e conduzidos à nova aliança. Ao mesmo tempo ele é o sofredor Filho do Homem, o representante ideal de toda a humanidade que precisa superar o mal unicamente pela confiança em Deus. Na transfiguração, Deus apresentou Jesus como a personificação da

---

desconexão do final original em 16,8 costuma ser citada como a razão para as tentativas mais tardias da Igreja de concluir a narrativa de Marcos e que deram origem a três tentativas diferentes na tradição manuscrita para dar um final ao evangelho.

revelação total de Deus, quando a voz celeste diz: "Este é o meu Filho amado, ouvi-o" (9,7). O Filho de Deus vai sozinho para sua paixão e morte, e realiza a vontade de Deus como o Filho do Homem, o representante perfeito da humanidade, o paradigma para nossa nobre vocação a uma nova aliança com Deus, nosso Pai amoroso. É esse o caminho de Deus, é esse o Reino de Deus onde agora todos podem entrar. Deus ressuscitou Jesus dos mortos para justificar sua vida pelos outros e elevá-lo a seu lugar de liderança da Igreja em um Reino futuro que começou em poder com sua morte e ressurreição. É desse conceito essencial da proclamação de Jesus, o Reino de Deus, que agora devemos tratar.

Capítulo 3
O REINO DE DEUS

Quase todos concordam que o ensinamento central de Jesus no Evangelho de Marcos é o Reino de Deus, mas parece que nós, biblistas do Atlântico Norte, não temos as qualificações para descrevê-lo apropriadamente. Aloysius Ambroczic expressou claramente o problema principal em seu clássico estudo do conceito: é "um reino ainda por vir que, paradoxalmente, já está presente".[1] Um grande número de biblista luta com essa questão temporal da chegada do Reino, quer ele seja presente, quer futuro, mas um número bem menor enuncia exatamente o que, no entendimento de Marcos, o conceito em si transmitia. Assim, em vez de começar com a natureza temporal do Reino, começaremos por expor exatamente o que o evangelista diz a respeito do "Reino de Deus" ao interpretar as tradições da vida de Jesus que estavam à sua disposição. Só depois de examinar a narrativa evangélica dessa maneira, comentaremos a dimensão temporal do Reino de Deus, lembrando que a palavra final quanto à linha do tempo escatológica de Marcos será dada na última parte deste livro.

A descrição marcana do Reino de Deus

Marcos descreve Jesus anunciando o Reino de Deus, em suas palavras e em suas ações, predominantemente na primeira parte do evangelho (cf. 1,14-8,26), em especial no capítulo das parábolas (cap. 4). Na segunda parte do evangelho (cf. 8,27-10,52), Jesus dá aos discípulos instruções especiais que incluem quatro ditos a respeito do Reino. Finalmente, Jesus menciona o Reino mais três vezes na narrativa da Paixão (terceira parte do evangelho). Vamos examinar a imagem do "Reino de Deus" especialmente nessas passagens.[2]

---

[1] Aloysius M. AMBROCZIC. *The Hidden Kingdom*; A Redactional-Critical Study of the References to the Kingdom of God in Mark's Gospel. Washington (DC), Catholic Biblical Association, 1972. p. 244. (CBQMS 2.)

[2] A expressão "o Reino de Deus" ocorre catorze vezes no Evangelho de Marcos (1,15; 4,11.26.30; 9,1.47; 10,14.15.23.24.25; 12,34; 14,25; 15,43).

O Reino de Deus na primeira parte do evangelho (1,14–8,26)

Nesta primeira divisão importante do corpo do evangelho, lado a lado com a notícia marcana do segredo messiânico, Jesus proclama uma nova realidade, o "Reino de Deus". A palavra grega tradicionalmente traduzida por "reino" (*basileia*) reflete a idéia abstrata veterotestamentária do domínio ou governo de um rei, onde é não raro traduzida como a "realeza" ou o "reinado" de determinado rei. Em muitos textos Deus é considerado o verdadeiro rei de Israel e do mundo todo, mas a expressão genuína "o Reino de Deus" só aparece em muito poucos textos veterotestamentários, ao lado da expressão equivalente "seu/teu/meu Reino [= Reino de Deus]".[3] Nesses textos, o Reino é o futuro governo salvífico de Deus. "Expressa uma esperança escatológica por uma época em que a salvação de Deus se concretizaria, quando seu domínio sobre a mente e a vida dos seres humanos seria alcançado e eles seriam afastados da sujeição ao perigo, ao mal e ao pecado."[4]

A introdução de Marcos ao ministério de Jesus (1,14-15)

Depois de informar no prólogo ao leitor que Jesus é o verdadeiro Messias, Filho de Deus, Marcos introduz o ministério de Jesus com um resumo de seu conteúdo em 1,14-15. Contrasta Jesus e João Batista, observando que Jesus só começou seu ministério depois que João saiu de cena, tendo sido preso e, como descobrimos mais tarde, posto na prisão pelo rei Herodes Antipas. Enquanto a mensagem de João era "arrependimento para a remissão dos pecados" (1,4), Jesus proclama "o Evangelho de Deus" (1,14). A palavra grega para "evangelho" (*evangelion*) ecoa a idéia veterotestamentária do anúncio da "Boa-Nova" da salvação para Israel (cf. 2Sm 18,20-27; 2Rs 7,9; Is 40,9; 41,27; 52,7), conceito que Paulo tornou bem conhecido na Igreja primitiva cerca de vinte anos antes de Marcos escrever seu evangelho. Para Paulo, o "Evangelho de Deus" significava o conteúdo da pregação cristã a respeito de Jesus Cristo, "a Boa-Nova que tem origem em Deus"[5] que Paulo chama de "força de Deus para a salvação

---

[3] Os textos são: 1Cr 28,5; 2Cr 13,8; Sb 10,10 e Sl 103,19; 145,11.12.13; 1Cr 17,14; cf. 29,11; Dn 4,3.34; 7,27; cf. 2,44.
[4] Joseph A. Fitzmyer. *The Gospel according to Luke*. New York, Doubleday, 1981. p. 155. (Anchor Bible 28).
[5] Veja os comentários de Fitzmyer sobre o "Evangelho de Deus" em seu comentário da Anchor Bible, *Romans*. New York, Doubleday, 1993. pp. 109-110.

de todo aquele que crê" (Rm 1,16; cf. 16,25). Marcos nos confirma que esse mesmo evangelho, que toda a Igreja primitiva conhecia e no qual ela acreditava, foi o centro da proclamação de Jesus durante seu ministério. É por isso que podemos traduzir o primeiro versículo da narrativa de Marcos desta maneira: "Princípio do Evangelho *proclamado* por Jesus Cristo, Filho de Deus" e também: "Princípio do Evangelho a respeito de Jesus Cristo, Filho de Deus" (1,1).

Mas há outro aspecto da palavra grega para "Boa-Nova". No Império Romano, "evangelho" costumava ser usado no culto ao imperador para significar o anúncio da ascensão de um novo imperador ao trono. Assim, são Paulo e a pregação da Igreja primitiva queriam dizer que o que Jesus anunciava era nada menos que o poderio de Deus como o soberano supremo da terra. A Realeza ("Reino") de Deus era uma perigosa negativa da onipotência do imperador romano. Para Marcos, o próprio Jesus pregava essa inversão de poder porque ele sabia, na antiga visão dual do cosmo, que Satanás, o verdadeiro poder por trás do trono imperial e da aristocracia sacerdotal devedora dele, estava sendo vencido pelo poder de Deus. A vitória começa com o sucesso de Jesus na tentação do deserto (cf. 1,13) e continua em todo o seu ministério de cura e exorcismo, sua morte altruísta, para se completar na sua gloriosa vinda como o Filho do Homem.

A partir desse ponto no ministério de Jesus, não há nenhum obstáculo à presença benéfica e santificadora de Deus para quem quer que esteja disposto a fazer a vontade régia de Deus, porque "cumpriu-se o tempo". Em contraste com o chamado mais negativo do Batista (arrependimento pela remissão dos pecados) e seu papel preparatório (ele diz: "Depois de mim, vem o mais forte do que eu" — 1,7), a mensagem de Jesus é positiva e definitiva. É o alegre anúncio de liberdade e vida possível agora, que se resume na declaração de Jesus em 1,15: "Cumpriu-se o tempo, e o Reino de Deus está próximo. Arrependei-vos e crede no Evangelho".

Na primeira parte da proclamação: "Cumpriu-se o tempo", tempo em grego é *kairós* (cf. 1,15). *Kairós* é palavra sem equivalente nas línguas ocidentais. Como oposto de *chronos*, tempo comum, *kairós* significa "momento oportuno, tempo agradável de possibilidade". Essa idéia de tempo ocorre freqüentemente no Antigo Testamento e significa o tempo escatológico indicado por Deus, oportunidade para acontecer algo que cumpre parte do grande plano de Deus para a salvação. Por exemplo, o profeta Ezequiel declara: "O tempo vem" imediatamente depois de dizer: "Eis o dia de Iahweh! Vede, o fim está próximo" (Ez 7,12.10; veja também Is 60,22; Dn 12,9; Sf 1,12). A voz passiva do verbo, "cumpriu-se", indica que foi Deus quem trouxe esse *"tempo de oportunidade"* especial, um novo segmento sem repetição do eterno plano de divino que Deus decidiu inaugurar agora mesmo no novíssimo ministério de Jesus.

O conteúdo do "Evangelho de Deus" de Jesus é explicado na proclamação de Jesus: "O Reino de Deus está próximo" (literalmente "aproximou-se"). Nesse tempo oportuno algo novo acontece, o Reino de Deus já começa a irromper na realidade dos ouvintes de Jesus. A comunidade essênia contemporânea em Qumrã esperava que um "Messias de Justiça" reinasse em "uma aliança de realeza".[6] Vemos aqui a base judaica contemporânea do conceito de "Reino" que Jesus prega, mas ele o apresenta como algo radicalmente novo e inesperado.

O Reino de Deus é uma força que irrompe no presente vinda do futuro de Deus e nos impele a nos "arrependermos".[7] O arrependimento ao qual Jesus chama não é o arrependimento negativo ao qual João Batista chama, mas sim a mudança de propósitos e sentimentos, mudança completa de mentalidade para uma confiança positiva no Evangelho ("crede no Evangelho"). No Evangelho de Marcos, "crer" significa entregar-se com confiança ao poder de Deus em Jesus, como vemos tantas vezes na "crença" dos que confiam que Jesus os curará. Na narrativa que se segue Marcos mostra exatamente que mudança é necessária para alguém aceitar o Reino em sua vida.

Quando apresenta o ministério de Jesus que se inicia na Galiléia (cf. 1,14), Marcos salienta o fato de Jesus ter começado à *margem* da sociedade judaica, longe de onde João Batista pregava no deserto para "toda a região da Judéia e todos os habitantes de Jerusalém" (1,5). Jesus não vai primeiro ao centro da religião oficial do Templo, aos sacerdotes ou quaisquer outros líderes religiosos reconhecidos. Ao contrário, vai bem ao norte de Jerusalém, para sua Galiléia nativa, lugar considerado impuro pela aristocracia do Templo. Ele também não tem nada a ver com as cidades imperiais romanas de Séforis e Tiberíades na Galiléia, mas prega em cidadezinhas como Nazaré e Cafarnaum, tradicionais encraves judaicos onde o

---

[6] Esta declaração encontra-se em um documento dos Manuscritos do mar Morto chamado "as Bênçãos Patriarcais" (1QPB 2).
[7] Assim Guillermo Cook & Ricardo Foulkes. *Marcos*: Comentario Bíblico Hispanoamericano. Miami, Caribe, 1993. p. 68.

povo vivia. Assim, logo no início de seu ministério, Jesus mostra que o que Deus quer, "o Reino de Deus", é bem independente dos intermediários do poder religioso e político estabelecido. É uma alternativa que Deus oferece diretamente aos marginalizados pelos centros aristocráticos de poder. A violência desses centros contra os pobres é violência contra Deus, porque torna difícil crer na zelosa paternidade de Deus. Atrapalha a vontade benevolente divina de criar uma vida de liberdade e justiça no mundo.[8]

A seção A da primeira parte do evangelho (1,16-3,6)

O primeiro ato de Jesus registrado no evangelho, depois que o Espírito Santo o preparou no deserto para o ministério, é a história um tanto implausível de seu chamado de quatro pescadores para que o sigam. Marcos não nos dá nenhuma indicação de que Simão, seu irmão André e os filhos de Zebedeu, Tiago e João, soubessem alguma coisa a respeito de Jesus. Contudo, quando ele os chama com nada mais que a vaga promessa de fazer deles (Pedro e André) "pescadores de homens", eles deixam suas tarefas e suas famílias e o seguem sem saber para onde. Essa simples apresentação do chamado deles só pode ser um toque deliberado do evangelista para salientar a profundidade da vocação cristã e do radicalismo de sua aceitação. Com efeito, seguir Jesus, como a narrativa mostrará, é redefinir completamente nossa vida.[9]

Na narrativa seguinte (cf. 1,21-28), o primeiro de muitos milagres que Jesus realizou, Marcos relata uma narrativa de exorcismo tradicional, a fim de revelar a realidade do Reino na atividade de Jesus. Observe a repetição das palavras "ensinava, ensinamento" (vv. 22, 27) e "autoridade" (vv. 22, 27) para dar ênfase. O ensinamento de Jesus deixa os ouvintes admirados por causa da "autoridade" com a qual ele o transmite, *sua* autoridade e "não como os escribas", que habitualmente citam alguma interpretação mais antiga da Lei como sua autoridade. Mas antes de nos dar um exemplo real das palavras de ensinamento de Jesus, Marcos relata o exorcismo de um espírito impuro que Jesus realiza. Aqui a chave interpretativa é o grande grito do espírito impuro: "Sei quem tu és: o Santo de Deus" (v. 24). Jesus é o "Santo" porque em sua pessoa, o reinado de Satanás, o poder do

---

[8] Carlos Bravo fala vigorosamente a respeito de tudo isso em *Jesús, hombre en conflicto*, pp. 70-71, 300.
[9] Sou grato a Luís Mosconi por suas observações perspicazes sobre a participação no Reino em *Evangelho de Jesus Cristo segundo Marcos*. 8. ed. São Paulo, Loyola, 2000. pp. 81-100.

Mal na terra, é superado. A santidade de Jesus é que a santa presença de Deus em Jesus, o Reino, abre caminho para a volta à sociedade do endemoninhado que o demônio tornara "impuro" ou pecaminoso. A narrativa não dá nenhuma doença ou defeito específico que tornou o homem impuro, porque Marcos quer realmente assinalar que o problema principal de uma pessoa sofredora é ser inapto para participar da vida religiosa e social da comunidade, "impuro", segundo o Código de Pureza. Jesus é o "Santo" de Deus porque nele toda impureza ou pecaminosidade está destruída — exatamente como o demônio temia.

A pequena narrativa seguinte mostra a primeira das muitas impropriedades de Jesus contra o Código de Pureza quanto às mulheres. Segundo a lei mosaica, a menstruação tornava as mulheres "impuras" e era altamente impróprio para um homem "justo" tocar qualquer mulher que não fizesse parte de sua família e, desse modo, não estivesse familiarizada com ele o bastante para sutilmente indicar seu estado. Jesus repetidamente infringe esse "mandamento" quando demonstra não ter nenhuma parcialidade em seu ministério e ajuda homens e mulheres igualmente a fim de reintegrá-los em seus papéis apropriados na sociedade. Aqui ele toca a sogra febril de Pedro, a fim de que ela desempenhe a tarefa materna de preparar alguma coisa para os discípulos comerem (cf. 1,31).

A notícia da cura se espalha muito depressa na pequena cidade de Cafarnaum, de modo que ao entardecer trazem a Jesus "todos os que estavam enfermos e endemoninhados" (1,32). Esse poder curativo que Jesus demonstra é representativo da chegada do Reino, em que a presença amorosa de Deus oferece a aceitação de todos em uma sociedade nova e justa. Tão sensacional é essa "Boa-Nova", que ela poderia ter arruinado o ministério de Jesus por sua eficácia na vida dessas pessoas comuns necessitadas. Esse perigo não passa despercebido a Jesus e ele se recusa a representar para as massas e tirar vantagem de sua fama instantânea quando Pedro lhe diz: "Todos te procuram". A resposta de Jesus mostra que ele está determinado a seguir a vontade de Deus. Ele difundirá o Reino fazendo a vontade régia de Deus, sem preocupar-se consigo mesmo. Ele responde: "Vamos a outros lugares, às aldeias da vizinhança, a fim de pregar também ali, pois foi para isso que eu saí" (1,38).

Na narrativa seguinte (cf. 1,40-45), Marcos segue os propósitos de Jesus de apresentar o Reino bem claramente. Em um longo capítulo do livro do Levítico, Deus preceitua a Moisés e Aarão a segregação necessária para quem tiver "lepra", nome generalizado para uma variedade de doenças da pele.[10] Jesus toca um leproso e o cura, dizendo-lhe: "Vai mostrar-te ao sacerdote e oferece por tua purificação o que Moisés prescreveu, para que lhe sirva de *prova*" (1,44). O milagre mostra que Deus convida todos, mesmo os acometidos por doenças, a participar do Reino. Como obviamente o homem dirá ao sacerdote que foi purificado pelo *toque* voluntário de Jesus, este último terá comprovado que o poder divino (o Reino) mais uma vez ignorou o Código de Pureza excessivamente rigoroso. Segundo esse código, o próprio ato do milagre (tocar alguém impuro) tornou o próprio Jesus "impuro". Além disso, o milagre aconteceu fora do Templo e sem seus sacerdotes. *Eles* não podiam fazer nada para ajudar o leproso, mas só excomungá-lo quando a doença o atingiu. Só podem reintegrá-lo oficialmente à sociedade se algum *outro* poder (o poder de Deus em Jesus) curá-lo.

Tendo ele próprio se tornado ritualmente impuro por sua ação amorosa, Jesus respeita o costume existente e fica fora das cidades "em lugares desertos". Mas quando se afasta das sinagogas onde sua "impureza" causaria alvoroço, o povo reage saindo das cidades: "E de toda parte vinham procurá-lo" (1,45). Dessa maneira, Marcos começa a indicar que a pregação de Jesus era subversiva em relação à ordem religiosa instituída.[11]

As cinco perícopes seguintes do evangelho são uma coletânea de discussões nas quais vemos que, além de não entender a apresentação que Jesus faz do Reino, a liderança religiosa tenta deter a chegada do Reino em seu ministério. A primeira e a última dessas narrativas mostram a compassiva presença de Deus em Jesus, cujo poder subjuga as enfermidades espirituais e físicas dos que crêem nele e buscam a cura. Entretanto, essas duas narrativas têm um desvio que revela algo mais que o poder de Jesus para curar, pois nelas ele se autodenomina "o Filho do Homem". Na primeira (Cura de um paralítico, 2,1-12), Jesus proclama que ele, como o Filho do Homem, tem poder de perdoar pecados na terra, o que significa que nele se manifesta o poder divino e celeste de Deus sobre o pecado. Os escribas reagem: "Quem pode perdoar pecados a não ser Deus?". Eles querem dizer que o pecado só pode ser perdoado pelo que eles consideram ser o sistema de reparação de Deus pelo sacrifício no Templo, controlado por eles. Jesus lhes ensina outra coisa, curando o paralítico diante de seus olhos. O Reino

---

[10] Quando nós modernos pensamos em "lepra", em geral pensamos no estado muito debilitante da doença de Hansen. Está claro que não é dela que trata o AT, pois ali "lepra" refere-se a qualquer estado incomum de descoloração da pele humana, das roupas das pessoas e até de mofo em edifícios!

[11] Mais uma vez sou profundamente grato às percepções de Carlos Bravo a respeito desta perícope (*Jesús, hombre en conflicto*, pp. 79-82).

de Deus que ele prega é claramente de Deus. É a presença poderosa de Deus que irrompeu no mundo para curar o desânimo da humanidade, uma coisa que a instituição religiosa nem mesmo tentava fazer.

A segunda das discussões (Vocação de Levi, 2,14-17) inicia um tema muito importante do ministério de Jesus: sua confraternização à mesa com os párias da sociedade, com coletores de impostos, prostitutas, leprosos e outros. Os biblistas salientam que partilhar uma refeição no mundo antigo era de extrema importância para definir os limites de uma família ou um grupo. Em particular, o Código de Pureza era muito específico em questões de pureza ritual ao comer, e excluía automaticamente todos os párias da confraternização à mesa por causa da impureza de sua condição, sua profissão, ou sua lassidão quanto às regras dietéticas. Jesus repetidas vezes rejeita esse tipo de exclusão e "temerariamente ofende todo senso de decoro por sua escolha de companheiros à mesa".[12] Quando os escribas contestam isso, Jesus declara explicitamente que não veio "chamar justos, mas pecadores" ao Reino de Deus. Na medida em que se proclamam justos, estão excluídos do Reino.

Na terceira das discussões (cf. 2,18-22), Jesus responde à pergunta sobre por que seus discípulos não jejuavam. No antigo judaísmo, a prática de jejuar, isto é, de se recusar a comer, era um meio pelo qual as pessoas faziam uma declaração sobre sua vida. Embora jejuar seja uma ação religiosa dirigida a Deus, também se manifesta para o grupo ao qual a pessoa pertence e a respeito dele. Por exemplo, o jejum pode ser usado para demonstrar aos outros que a pessoa pranteia profundamente e implora pelo apoio deles nessa aflição. Também pode ser usado como desculpa religiosa válida para não confraternizar à mesa com os que não têm as mesmas idéias e assim fortalecer a definição e a união do seu grupo. Quando Jesus e os discípulos não jejuam, isto é, quando comem em qualquer lugar e com qualquer um, fazem uma forte declaração aos escribas e fariseus, que "não se preocupavam em manter os limites existentes".[13]

A narrativa seguinte (As espigas arrancadas, 2,23-28) mostra Jesus usando uma narrativa a respeito do reverenciado rei Davi, para salientar a

---

[12] D. NEUFELD. Jesus' Eating Transgressions and Social Impropriety in the Gospel of Mark; A Social Scientific Approach. *BTB* 30, 2000. p. 20. Esse artigo é excelente descrição do tema da comida e do ato de comer no Evangelho de Marcos, ocasiões em que Jesus confrontou os adversários e mostrou que as exigências para santidade e honra no Reino de Deus eram muito diferentes das da liderança religiosa do judaísmo em seu tempo.

[13] Mais uma vez sou grato ao ótimo artigo de NEUFELD sobre a dimensão social do ato de comer — e neste caso de não comer! (ibid., p. 21).

intenção misericordiosa da Lei de Deus e o erro das regras excessivamente rigorosas para a observância do sábado. Em declaração surpreendente, Jesus inverte a opinião deles de que a religião subordina os fiéis para serem escravos da observância intolerante: "O sábado foi feito para o homem, e não o homem para o sábado" (2,27). Depois acrescenta que, como Filho do Homem, ele tem o poder de Deus sobre a lei: "O Filho do Homem é senhor até do sábado" (2,28).

Na última discussão (Cura do homem com a mão atrofiada, 3,1-6), os chocados fariseus não dedicam nem um momento à consideração do bem que Jesus faz em seu ministério de cura. Devido à sua impotência diante da fragilidade humana da deficiência do homem, tudo que fazem é ficar à espreita para ver se o misericordioso Jesus comete um erro que não saiba explicar. Com indignação e tristeza "pela dureza do coração deles", ele tem de lhes mostrar mais uma vez a prova da presença de Deus em seu ministério. "Estende a mão" (v. 5), ele diz ao homem e os fariseus recebem a resposta correta para a observância do sábado. A mão inútil é curada e assim o homem é reintegrado para levar a própria vida, a vida que Deus quer que ele tenha como filho amado.

Na verdade, todas essas discussões mostram que as ações de Jesus e seu ensinamento estouram os "odres velhos" (v. 22) do *status quo* religioso de seus adversários, os líderes da prática religiosa legalista e exclusivista predominante. Marcos demonstra que Jesus faz a vontade benevolente de Deus, enquanto tudo que os fariseus fazem é ficar obcecados com os preceitos religiosos excessivamente rigorosos e desprezar aquele que os restringe. Em Jesus, o Reino entra em cena com a misericórdia de Deus para curar o desânimo da humanidade. Por um lado, os escribas e fariseus não podem negar a realidade dos milagres e, por outro, não podem condenar Jesus por mau procedimento. Assim, Marcos ressalta que, como prova da insinceridade deles, sua resposta ao novo ensinamento de Jesus foi conspirar com os herodianos "contra ele sobre como o destruiriam" (3,6).[14]

O Reino na seção B da primeira parte (3,7-6,6a)

Nesta outra seção da primeira parte do Evangelho de Marcos, observamos uma intensificação da luta entre Jesus e as autoridades religiosas

---

[14] Com o nome de "herodianos" Marcos indica os partidários aristocratas do rei Herodes Antipas, o tirano que mandará executar João Batista.

juntamente com o desprezo por sua missão "em sua pátria, em sua parentela e em sua casa" (6,4). Em contraste, a narrativa inicial (cf. 3,7-12) mostra o apelo de Jesus aos que estão fora do aprisco do judaísmo (cf. v. 8). Ele prontamente aceita a presença deles, embora muitos tenham vindo apenas por causa de sua fama de curar. Agora vemos que o Reino que Jesus prega e torna presente em seu ministério de cura não se restringe a membros da religião judaica. Observe como Jesus mais uma vez repreende os demônios que afastam sua mensagem despertando a falsa esperança de que ele era o tipo de Messias e Filho de Deus político que as pessoas queriam (v. 11).

A esta altura da narrativa, Jesus escolhe doze discípulos especiais "para que ficassem com ele, para enviá-los a pregar e terem autoridade para expulsar os demônios" (3,14-15). Dois pontos são importantes aqui: primeiro, Jesus mostra que a obra do Reino de Deus é esforço de colaboração por meio do qual o poder salvífico de Deus está presente no Filho de Deus, Jesus, e naqueles designados por ele para compartilhar sua autoridade e seu testemunho. Aqui aprendemos que a natureza do Reino é tal que só se torna eficaz no contato pessoal com os fiéis, mesmo que o testemunho deles seja imperfeito. É por isso que Marcos apresenta Jesus quase sempre preocupado com a comida e confraternizando à mesa, é por isso que Jesus instrui os discípulos quanto ao sentido das parábolas (cf. 4,10-25) e ensinalhes a humildade de que precisarão para se tornarem grandes no serviço à Igreja (cf. 10,42-45).

O segundo ponto é o fato de ser doze o número de colaboradores especiais designados por Jesus. "Doze" é número simbólico que lembra as doze tribos de Israel. Certamente, Jesus faz uma declaração ao escolher seus doze especiais: o que ele apresenta é a oferta *oficial* de Deus para o povo escolhido para a restauração escatológica de Israel.[15] A seção conclui-se com outra série de discussões (cf. 3,20-35) que já examinamos anteriormente no capítulo sobre cristologia. Nelas aprendemos que o ministério de Jesus é impulsionado pelo Espírito Santo e que sua verdadeira família está no Reino de Deus, cujos membros são "quem fizer a vontade de Deus" (3,35).

---

[15] Sobre este ponto veja John MEIER em The Circle of the Twelve; Did It Exist during Jesus' Public Ministry? *JBL* 116, 1997. p. 635. Veja uma apresentação menos técnica do ministério dos Doze no artigo de MEIER, Are There Historical Links between the Historical Jesus and the Christian Ministry?". *Theology Digest* 47, 2001. pp. 302-315.

Depois do capítulo de parábolas, esta seção do evangelho continua com diversos outros milagres nos quais Marcos explica mais a identidade de Jesus. Uma importante informação transmitida ao leitor no final é que Jesus não pode realizar nenhum milagre onde não há fé. Aqui Marcos não é ambíguo; é perfeitamente claro quando diz: "E não *podia* realizar ali nenhum milagre [....]. E admirou-se da incredulidade deles" (6,5-6a). O poder de Deus em Jesus, a dinâmica qualidade curativa do Reino, simplesmente não se ativa sem a fé das pessoas envolvidas.

Seção C da primeira parte do evangelho (6,6b-8,26)

Aqui Jesus prepara os discípulos para um modo de vida radicalmente novo. Eles precisam deixar toda segurança para trás e, livres de quaisquer "provisões", aprender a chave para a vontade de Deus sobre como devem interagir: devem compartilhar tudo o que têm. Ele os envia para pregar o Reino e continuar a destruir o reinado de Satanás quando expulsam os espíritos impuros. É essencial para os que pregam o Evangelho crer em Deus e confiar na generosidade dos que foram tocados pelo Reino de Deus para a provisão das necessidades da vida. Assim, ele recomenda aos discípulos que nada levem "para o caminho a não ser um cajado apenas; nem pão, nem alforje, nem dinheiro [...], e não levem duas túnicas" (6,8-9) e fiquem na casa que os receber. Somente a aceitação da confraternização à mesa e da hospitalidade sem restrições, não importa que acomodações recebam, traz a verdadeira participação que o Reino exige. De fato como Carlos Mesters salienta, "o Reino começa a existir quando quem foi despertado pela mensagem de Jesus acolhe outros para partilhar com eles tudo que possui, para que todos sejam filhos de Deus, irmãos e irmãs uns dos outros".[16]

Nas duas narrativas de multiplicação dos pães (cf. 6,34-44; 8,1-9), os discípulos pedem a Jesus que despeça as multidões famintas para que encontrem o que comer, mas Jesus lhes diz que não as mandem embora na hora da necessidade prática. Seguir verdadeiramente Jesus significa partilhar o que se tem. Isso é incompreensível para os discípulos, que nos dois casos só têm alguns pães e dois peixes. Mas quando compartilham o que têm, acontece um milagre. Há bastante para todos comerem e sobram muitos pedaços. Assim é no Reino de Deus. Quando as pessoas

---

[16] Carlos Mesters expande essa idéia de partilha como o modo de vida indispensável em seu artigo Jesus e a cultura de seu povo. *EstBib* 61, 1999. especialmente pp. 19-20.

partilham tudo o que têm na tarefa de difundir o Reino, recebem da generosidade e afeição das pessoas muito mais do que jamais esperaram. Como Jesus declara mais tarde: "Não há quem tenha deixado casa, irmãos, irmãs, mãe, pai, filhos ou terras por minha causa ou por causa do Evangelho, que não receba cem vezes mais desde agora, neste tempo" (10,29-30).

Depois de condenar severamente o Código de Pureza dos fariseus e escribas no discurso de 7,1-23, Jesus tenta se esconder no território não judaico de Tiro (cf. 7,24), mas não busca, em absoluto, iniciar missão para os gentios. Lembramo-nos de que ele recusou o desejo do endemoninhado geraseno, um gentio, de "ficar com ele" e se tornar um discípulo (cf. 5,18). Contudo, uma siro-fenícia de Tiro, que para Marcos representa todo o mundo "grego", submete à prova o princípio de não-exclusividade de Jesus (cf. 7,24-30). Quando ela lhe implora ajuda para sua filha endemoninhada, Jesus responde metaforicamente: sua missão é para o que todo judeu entendia por "filhos de Deus", seu povo judeu, não para os "cachorrinhos" gentios. Mas quando ela retruca espertamente com sua metáfora respeitosa, contudo exigente, que "também os cachorrinhos comem, debaixo da mesa, as migalhas das crianças!" (7,28), Jesus mostra de uma vez por todas que o Reino de Deus não tem restrições — a filha é curada.

Mais adiante na terceira parte do evangelho, Jesus confronta-se com outro tipo de "estrangeiro" na pessoa de um escriba em 12,28-34. Marcos descreve esses atendentes religiosos da aristocracia sacerdotal como os mais hostis dos adversários públicos de Jesus. Jesus responde com audácia à pergunta do escriba sobre o primeiro de todos os mandamentos. A resposta simples e surpreendente é o amor de Deus e o amor do próximo. O escriba reconhece que a resposta de Jesus está correta e a confirma com uma citação bíblica, afirmando que o amor é muito mais importante que o sistema sacrifical do culto do Templo para o qual ele trabalha. A essa ousada percepção Jesus responde: "Tu não estás longe do Reino de Deus". O encontro pessoal com Jesus era apaziguador para quem quer que estivesse genuinamente em busca do Reino de Deus. Ao mesmo tempo, ao reconhecer que até um membro do grupo de seus mais ferozes inimigos pode estar no caminho certo para encontrar a vontade de Deus, Jesus nos mostra que o preconceito é completamente desaprovado no Reino de Deus.

O Reino de Deus nas parábolas de Jesus

No capítulo 4, Marcos apresenta uma coletânea dos ensinamentos de Jesus, dizendo que Jesus sempre ensinou nessas "parábolas" (4,33-34). Para o evangelista, essa palavra indica uma variedade de ditos cheios de imagens do tipo chamado *meshalim* (singular *mashal*) no Antigo Testamento hebraico. Essas expressões metafóricas incluem provérbios, ditos espirituosos, similitudes e as versões ligeiramente expandidas desses tipos de ditos que ocorrem no evangelho.[17] Finalmente, Marcos decidiu relatar duas longas parábolas, a saber, 4,3-8 e 12,1-11. Há forte consenso entre os biblistas de que todos esses *meshalim* ensinam a respeito do Reino de Deus, por isso faremos um breve comentário a cada um deles nesta parte de nosso estudo.

No primeiro *mashal* do evangelho: "Não são os que têm saúde que precisam de médico, mas os doentes" (2,17), Jesus usa um provérbio para explicar sua confraternização à mesa com os pecadores para os quais ele constantemente proclama o Reino de Deus. Marcos adora mostrar a ironia dos comentários de Jesus. Será que ele pensa que os escribas não precisam de médico também?

Na pergunta: "Podem os amigos do noivo jejuar enquanto o noivo está com eles?" (2,19), o Jesus de Marcos identifica-se aqui com o noivo e dá a entender que sua presença é ocasião de júbilo, pois o que ele oferece, o Reino de Deus, traz alegria a todos os participantes.[18] É por causa dessa nova alegria que jejuar é impróprio, como é qualquer afastamento da celebração comunitária completa de todos os que crêem no que Jesus tem a dizer.

Os dois provérbios ampliados sobre o remendo de pano novo em roupa velha e o vinho novo em odres velhos (cf. 2,21-22) dramatizam a impossibilidade de enxertar ou inserir a total novidade do Reino no velho sistema religioso. Jejuar pode ser usado para afastar algumas pessoas de outras e isso simplesmente não está certo. Entretanto, os provérbios expandem a questão além do simples problema de jejuar, para toda a abordagem do

---

[17] 2,17-22; 3,24-27; 4,21-25; 7,15.28-29; 9,50; 13,28-29.33-37; as duas similitudes ("O Reino de Deus é como...") estão em 4,26-29 e 30-32.
[18] No Antigo Testamento, a imagem do noivo não é usada para uma figura "messiânica", mas é usada a respeito de Deus em Is 62,5 (cf. Is 54,4-8; Ez 16,8-14; Os 2,19). Essa alusão veterotestamentária salienta, mais uma vez, a presença de Deus no ministério do Reino de Jesus.

que Deus quer no Reino: o velho sistema simplesmente não suporta a nova liberdade e abrangência da mensagem de Jesus.

Os dois provérbios sobre o reino dividido e a casa dividida (cf. 3,24-27) estabelecem a imagem que Jesus tem de sua tarefa para amarrar o homem forte (Satanás) e então roubar-lhe a casa. Em uma das imagens marcanas mais fortes, vemos que em Jesus o poder de Deus irrompeu no mundo e eliminou o domínio de Satanás. Embora os que crêem ainda possam ser tentados, Satanás já não tem um poder *irresistível* sobre eles.

Marcos reuniu quatro *meshalim* independentes em 4,21-25, em um arranjo duplo de dois ditos cada um no padrão: "[dito 1] porque [dito 2]". O segundo dito de cada par dá uma explicação do primeiro. O primeiro *mashal*: "Quem traz uma lâmpada para colocá-la debaixo do alqueire ou debaixo da cama" (4,21) mostra a natureza esclarecedora do Reino. Quando o trazemos a nossa vida ele ilumina tudo nela, o bom e o mau. Seu poder de mudar a pessoa é total e não há área em que possamos recuar, como indica o segundo versículo: "Pois nada há de oculto que não venha a ser manifesto, e nada em segredo que não venha à luz do dia" (4,22). O segundo dito duplo mostra a natureza recíproca do ato de adotar o Reino com respeito aos benefícios que ele traz à nossa vida: "Com a medida com que medis será medido para vós" (4,24). As bênçãos do Reino ultrapassam muito a nossa imaginação, mas a recusa dele tem conseqüências calamitosas: "Ao que tem será dado, e ao que não tem, mesmo o que tem lhe será tirado" (4,25). Essas duas declarações das conseqüências de nos afastarmos do Reino serão sentidas imediatamente em nossa vida agora. De fato, é a maneira como vivemos agora que determina se receberemos "cem vezes mais *desde agora, neste tempo*, casas, irmãos e irmãs, mãe e filhos e terras" (10,30). É improvável que estejam reservados para o "dia do juízo", pois no Evangelho de Marcos Jesus nunca fala desse tempo.

A similitude de 4,26-29: A semente que germina por si só, é bem difícil de entender, pois o assunto não pára de mudar do lavrador para a semente, desta para a terra e de volta para o lavrador. Talvez seja por isso que Mateus e Lucas preferiram omiti-la em seus parágrafos de parábolas. Entretanto, esta comparação explícita do Reino com a semente do lavrador mostra claramente que não é o lavrador que faz a semente crescer. Não, o Reino de Deus cresce por causa da presença de Deus nele e não deve ser causa de nenhuma falsa confiança por parte de seus membros. A adenda a respeito da colheita no versículo 29 devolve o enfoque para o lavrador, mas agora o lavrador representa Deus. A colheita não se destina a ser ameaça para os membros do Reino, mas é um indício quanto à certeza e rapidez da ação escatológica final de Deus.

A similitude do grão de mostarda (cf. 4,30-32) destaca a abrangência do plano divino. O Reino de Deus é universal, apesar de seu início aparentemente humilde no carpinteiro de Nazaré. Essa metáfora de crescimento usa o grão de mostarda por causa de seu tamanho diminuto, mas há quem tenha notado aqui e alhures nas parábolas o senso de humor de Jesus. A metáfora veterotestamentária para o crescimento do povo de Deus é alusão óbvia ao grande cedro do profeta Ezequiel que "deitará ramos e... / à sombra de seus ramos habitará toda sorte de aves" (Ez 17,23). Entretanto, na parábola de Jesus o Reino é como um grão de mostarda que só cresce para se tornar uma hortaliça. É uma bela hortaliça, uma hortaliça picante e uma hortaliça que dá sombra para as proverbiais aves do céu, exatamente como o grande cedro do Líbano. Mas, afinal de contas, é tão comovente para os que não crêem como a lâmpada barata no *mashal* de 4,21. Talvez possamos ver aqui um pouco de humor pelas pretensões grandiosas da instituição religiosa que cercava o Templo. Jesus ensina que, embora certamente pareça ser algo muito simples, a visível mediocridade da vida no Reino iluminará o mundo todo e dará refúgio a todos os que necessitarem de sua proteção. Como Carlos Mesters salientou: "Os excluídos e os marginalizados deviam ser acolhidos, novamente, dentro da convivência e, assim, sentir-se acolhidos por Deus".[19]

Talvez também haja humor nos três ditos espirituosos ligados em 9,49-50, em que o Reino de Deus é comparado à substância ridiculamente simples e comum do sal. A verdade é que, sem sal (o principal conservante de comida) o mundo antigo seria um desastre, exatamente como o gênero humano seria sem o Reino de Deus.

Reservaremos nossos comentários a respeito das breves parábolas da figueira (cf. 13,28) e do homem que volta de viagem (cf. 13,34-36) no discurso escatológico do capítulo 13 de Marcos para nosso capítulo final, que examinará esse discurso por inteiro. Finalmente, chegamos às duas narrativas mais longas e alegóricas do tipo em que normalmente pensamos

---

[19] Carlos Mesters/Conferência Nacional dos Bispos do Brasil. *Caminhamos na estrada de Jesus*; o Evangelho de Marcos. 6. ed. São Paulo, Paulinas, 1996. p. 121. Essa era claramente a vontade de Deus, Mesters continua, pois Dt 15,4 diz: "Entre vocês, não haverá nenhum pobre".

quando vem à baila o assunto de "parábolas". É interessante que entre as muitas magníficas parábolas desse tipo nas tradições primitivas, Marcos decida relatar apenas duas delas, considerando ambas autobiográficas do ministério de Jesus. Na parábola do semeador (cf. 4,3-8) Jesus realça os resultados de sua tarefa de "semear" o Reino, e Marcos acrescenta a interpretação nas palavras de Jesus de que a semente semeada na parábola é "a Palavra". A última parábola, a alegoria dos vinhateiros homicidas (cf. 12,1-9), é explicitamente autobiográfica em sua forma marcana. O evangelista deixa isso claro quando humilha "os chefes dos sacerdotes, os escribas e os anciãos" (cf. 11,27), e eles vão covardemente embora ao perceber que Jesus "contara a parábola a respeito deles" (12,12).

A explicação da parábola do semeador é, de fato, a chave para todas as parábolas, como Jesus indica por seu dito em 4,13: "Se não compreendeis essa parábola, como podereis entender todas as parábolas?". Marcos ressalta a importância do esclarecimento das parábolas por Jesus e a estrutura pela repetição de uma ordem de Jesus em 4,9 e 23: "Quem tem ouvidos para ouvir, ouça", o que significa: "Se você quer realmente saber de que trata o Reino de Deus, ouça o que Jesus diz nos vv. 10-22!". Primeiro Marcos nos diz que "quando ficaram sozinhos, os que estavam junto dele com os Doze o interrogaram sobre as parábolas" (v. 10). Em todo o Evangelho de Marcos, Jesus dá várias explicações de seu Evangelho para os discípulos mais íntimos quando ficam "a sós" (4,34; 7,33; 9,2.28; 13,3), mas aqui Marcos inclui "os que estavam junto dele com os Doze". Com isso ele se refere certamente a sua comunidade cristã que ouve a leitura deste evangelho, pois seus membros são os que estão verdadeiramente presentes para Jesus na fé e tão interessados nas parábolas como os Doze primeiros discípulos de Jesus.

Jesus diz: "A vós foi dado o mistério do Reino de Deus; aos de fora, porém, tudo acontece em parábolas" (v. 11). Ele prega o Reino de Deus a *todos*, mas é um mistério porque recebê-lo requer mais que simplesmente ouvir. O enigma a respeito do Reino, seu mistério, é que é preciso *tornar-se membro dele* para entendê-lo e a qualquer parábola a respeito dele. Tornar-se membro do Reino, já se vê, significa ter fé para fazer a vontade de Deus. Eis o modo de vida que Jesus explicará no resto do evangelho: primeiro os aspectos positivos de participação na comunidade como uma nova família com requisitos especiais e, em seguida, por seu exemplo, a dura verdade que é preciso perder a vida para salvá-la (cf. 8,35). Somente os seguidores de Jesus que estabelecem relações afetuosas por viverem e sofrerem juntos interpretam efetivamente suas palavras.[20] Os "de fora", no versículo 4,11b, são os que se põem fora da graça divina ao se recusar a adotar a vontade divina de justiça e igualdade para todos. Eles são condenados a ouvir as parábolas como enigmas insondáveis, a fim de que, "vendo, vejam e não percebam", porque não se deixarão "converter" ao novo jeito de Jesus de ver a realidade e, assim, "não sejam perdoados".

À medida que Jesus continua a explicação das parábolas, lembramo-nos de que ele não discrimina em seu convite para o Reino. Portanto, as explicações dos tipos diferentes de solo na parábola do semeador não se referem aos tipos de indivíduo (puro/impuro, justo/pecador, líder/marginalizado etc.) que ouvem a Palavra, mas à sua receptividade da "semente" na parábola.[21] Jesus explica a alegoria dizendo: "O semeador semeia a Palavra" (v. 14). Aqui, a "Palavra" significa a pregação de Jesus (como em 2,2 e 4,33), que é, naturalmente, a Boa-Nova a respeito do Reino de Deus. Jesus mostra que sua pregação nem sempre será eficaz, mesmo nos que a recebem de boa vontade, pois existem três inimigos do Reino: o próprio "Satanás", a "tribulação ou perseguição" e "os cuidados do mundo, a sedução da riqueza" (4,17.19). Esses obstáculos são programáticos de futuros episódios do evangelho: em 8,33, Jesus declara que é Satanás que desencaminha Pedro em seu modo de pensar do ponto de vista humano; em 13,9-13, Jesus adverte quanto a futuras perseguições e quanto a tribulações em 13,7-8.17.24; e na narrativa do homem rico em 10,17-22, é a riqueza que o impede de seguir Jesus. Contudo, na parábola do semeador, como na verdade nos outros dois *meshalim* sobre sementes que acabamos de ver, o triunfo definitivo de Deus no crescimento produtivo do Reino é assegurado trinta, sessenta e cem vezes (cf. 4,8.20).

Os dois ditos espirituosos dos versículos 21-22 mostram a natureza esclarecedora da palavra de Jesus quanto ao Reino de Deus. Ele ilumina o caminho para todos os que o levam a sério, mas deixa nas trevas os que o ocultam debaixo de um alqueire. No final, essa recusa da vontade de Deus terá seu preço, "pois nada há de oculto que não venha a ser manifesto, e nada em segredo que não venha à luz do dia" (v. 22).

---

[20] Essas idéias são da vigorosa conclusão de João Inácio Wenzel, SJ. *Pedagogia de Jesus segundo Marcos*. São Paulo, Loyola, 1997. p. 162.
[21] Xabier Pikaza. *Pan, casa, palabra*; la iglesia en Marcos. Salamanca, Sígueme, 1998. p. 107. (Biblioteca des estudios bíblicos 94.) Veja também o excelente ensaio de Rafael Aguirre sobre o Reino de Deus em *La mesa compartida*; estudios del NT desde las ciencias sociales. Santander, Sal Terrae, 1994. pp. 135-163. (Presencia teológica 77.)

Voltando-nos para a segunda parábola completa, a parábola dos vinhateiros homicidas (cf. 12,1-9), notamos que, no Antigo Testamento, "uma vinha" é metáfora favorita para o povo escolhido de Deus (por exemplo Sl 80,9-17; Ez 19,10-14). Aliás, a metáfora descritiva que Jesus usa no primeiro versículo desta parábola vem diretamente do cântico da vinha de Is 5,1-7. Na parábola, Jesus relata como alegoria que Deus, o dono da vinha, confiou a vinha de Israel a seus líderes religiosos, mas estes não produziram nenhum fruto para Deus. Quando Deus lhes enviou os profetas, eles os maltrataram e mataram. Quando, por fim, o Filho de Deus, Jesus, é-lhes enviado, eles tramam matá-lo. A resposta de Deus é matar esses vinhateiros e dar a vinha a outros. Não admira que "os chefes dos sacerdotes, os escribas e os anciãos" (introduzidos em 11,27) que "procuravam prendê-lo", ficassem com medo e fossem embora. Jesus acabara de descobrir-lhes a trama para matá-lo e eles "perceberam que ele contara a parábola a respeito deles" (12,12). Marcos, sem dúvida, tem em mente que, depois da ressurreição, o dono da vinha dê esse encargo precioso aos seguidores de Jesus que se tornarão "uma casa de oração para todos os povos" (11,17) e farão a vontade de Deus indo proclamar o Evangelho "a todas as nações" (13,10).

O Reino de Deus na segunda parte do evangelho

Só no meio da narrativa evangélica Jesus explica a necessidade de seu sofrimento e morte (cf. 8,31-33). Ele percebe que sua proclamação do Reino desmascarou o erro e a corrupção dos líderes religiosos governantes e que ele precisa ir ao centro de poder deles, Jerusalém, para completar sua tarefa. Como é óbvio para ele que ir contra esse poder resultará em sua morte, Jesus volta-se para os discípulos a fim de lhes dar informações mais completas e eles poderem assumir a causa do Reino. Primeiro, ele viaja pela Galiléia para consolidar a comunidade de seus seguidores (cf. 9,30-31), esclarecendo os critérios para entrar e permanecer no Reino. Em seguida, vai para a Judéia (cf. 10,1) e transmite ensinamentos mais específicos sobre a vida no Reino.[22] Ensina que não deve haver divórcio, nenhum acúmulo de poder ou grande riqueza e nenhuma ambição, exceto para servir uns aos outros.

---

[22] Esta descrição da atividade de Jesus na segunda parte do evangelho é delineada de maneira mais completa por Carlos Bravo no artigo Jesús de Nazaret, el Cristo liberador, em *Mysterium liberacionis*; Conceptos fundamentales de la teología de la liberación. 2. ed. Madrid, Trotta, 1994. vol. 1. pp. 551-573, esp. 564-566.

Nessa segunda parte e ponto decisivo do evangelho, logo depois de Pedro identificá-lo corretamente como o Messias, Jesus faz a declaração sem ambigüidade de que seu messiado é de sofrimento. É vontade de Deus que seja assim: "O Filho de Deus *deve* sofrer muito [...] [e] ser morto" (8,31). Para Jesus, só a vontade de Deus *deve* ser feita. Em uma áspera resposta à objeção de Pedro, ele diz que negar essa verdade é obra de Satanás e um modo de pensar puramente humano (cf. 8,31-33). Além disso, Jesus diz que, se alguém quiser segui-lo, isto é, ser seu verdadeiro discípulo, "negue-se a si mesmo, tome a sua cruz e siga-me", mesmo até a morte (cf. 8,34-35). Essa nova dimensão do ensinamento de Jesus pega Pedro de surpresa, mas para os leitores do evangelho ela foi prenunciada bem no início da narrativa. Recordamos a reação homicida contra Jesus dos fariseus com os herodianos em 3,6 e a execução de João Batista (cf. 6,14-29), aquele que preparou o caminho de Jesus e cujo corpo também foi colocado "num túmulo" (6,29; 15,46).

Os riscos são altos para alguém que ouve o chamado para o Reino de Deus, pois ao negá-lo ele arruína a sua vida, mesmo que ganhe "o mundo inteiro" (8,36). "O Filho do Homem se envergonhará dele quando vier na glória do seu Pai com os santos anjos" (8,38). Embora não saiba quando *isso* acontecerá (cf. 13,32), Jesus sabe que "estão aqui presentes alguns que não provarão a morte até que vejam o Reino de Deus chegando com poder" (9,1), o que, do ponto de vista do evangelho, significa que alguns acontecimentos no futuro próximo manifestarão o Reino de uma forma nunca vista antes, isto é, o Reino virá "com poder".

Tem havido enorme especulação a respeito de quando para Marcos [e para Jesus] aconteceria essa vinda do Reino *com poder*. A menção por Marcos da vinda do Filho do Homem no versículo anterior (cf. 8,38) deu origem a um excesso de opiniões sobre a escolha do momento dessa parte do plano divino. É tarefa deste livro definir exatamente como o evangelista usou sua tradição a respeito das palavras e ações de Jesus para explicar todo o plano escatológico de Deus. Esse plano secreto inclui o sofrimento e morte necessários de Jesus, sua ressurreição, a vinda do Reino de Deus com poder, as perseguições e o sofrimento dos seguidores de Jesus no período pós-ressurreição, sua morte e ressurreição e a volta final de Jesus na glória. Marcos deixa claro que durante seu ministério Jesus predisse todas as partes do plano de Deus, embora *o momento certo* do último ato, a vinda do céu do Filho do Homem, só seja conhecido de Deus (cf. 13,32).

Já examinei as duas primeiras partes dessa linha do tempo, a saber, o ministério de Jesus e seu prognóstico do próprio sofrimento e morte. A parte final deste livro tratará do futuro, isto é, a escatologia dos seguidores de Jesus, bem como sua vinda final do céu. Identificarei a linha do tempo, quando "o Reino de Deus virá com poder", em seguida, depois do exame de mais alguns textos que tratam da natureza do Reino.

Em 9,43-48, Marcos juntou três ditos sobre como fugir do pecado, nos quais parece que Jesus defende que é melhor se mutilar em vez de se entregar à tentação do pecado. Estava claro a qualquer leitor cristão do século I que aqui Jesus não deve ser entendido literalmente. Tal mutilação é estritamente proibida pela Lei de Deus no Antigo Testamento. A linguagem, já se vê, é figurada; é o que chamaríamos "hipérbole", modo exagerado de falar. É usada aqui para dar a maior ênfase na obrigação de evitar o pecado nas três áreas de atividade humana, o que os antropólogos chamam de três "zonas de interação" humana com o mundo, representadas pela mão, o pé e o olho.[23]

Nessas três sentenças, o que interessa para nosso estudo é o uso paralelo da frase "entrares [...] para a Vida" (vv. 43 e 45) com a frase "entrares [...] no Reino de Deus" (v. 47). Em contraste com "vida/Reino", o resultado do pecado em cada um dos três ditos é "ir/ser atirado na geena" (43, 45, 47). Geena (pelo hebraico *ge-hinnom*, "vale de Ben-Enom") é o nome do vale a oeste de Jerusalém, usado como depósito de lixo, com fogos incessantes que, na literatura judaica, passaram a simbolizar o castigo eterno dos pecadores.

A palavra usada para "vida" (*zoe*) é usada em outras passagens de Marcos apenas duas vezes, ambas na expressão "vida eterna". "Vida eterna" caracteriza-se como herança (alguma coisa futura) que resulta de um modo de vida apropriado em 10,17 e uma propriedade do "mundo futuro" em 10,30. Por essa razão há quem pense que nos versículos 43 e 45 "vida" se refere à vida eterna e, assim, que seu paralelo, "o Reino" (no v. 47) significa alguma recompensa depois da morte. Mas isso é entendimento errado do Reino. Na Bíblia, "vida" significa a verdadeira vida humana, uma vida vivida em estreita relação com Deus e na qual a pessoa goza da bondade

---

[23] Veja uma descrição completa desse modo de pensar mediterrâneo tradicional em Bruce J. MALINA & Richard L. ROHRBAUGH. *Social-Science*; Commentary on the Synoptic Gospels. 2. ed. Minneapolis, Fortress, 2000. pp. 419-420.

de Deus.[24] Esse estar plenamente vivo e viver a vida conforme a vontade de Deus no presente é posto em forte contraste com "vida eterna" no dito: "Não há quem tenha deixado casa, irmãos [...] que não receba cem vezes mais desde agora, *neste tempo* [...] e, *no mundo futuro*, a vida eterna" (10,29-30). Embora o dito de 9,47 sobre o Reino tenha uma aparência de futuro, concluímos que significa "vida" no futuro imediato do fiel, o que é confirmado por três outros casos da frase "entrar no Reino", em Mc 10. Aqui, no fim da segunda parte do evangelho, duas séries de ditos a respeito do Reino são muito instrutivas, porque são estritamente opostas às normas sociais predominantes a respeito das crianças e dos ricos. No mundo antigo, embora as crianças fossem reverenciadas e amadas porque garantiam a linhagem familiar e proporcionavam segurança na velhice dos pais, quando eram novas não tinham nenhum direito nem prestígio. De fato, não eram mais que escravos em uma família e não herdavam a propriedade enquanto fossem menores.[25]

Quando alguns pais trouxeram os filhos até Jesus para que ele as tocasse (provavelmente para impedir que lhes acontecesse algum mal), os discípulos tentaram afastá-las por não serem dignas do tempo do Mestre (cf. 10,13). Mas Jesus zangou-se e fez até mais do que os pais pediram para os filhos. Ele as abençoou e abraçou, "pois delas é o Reino de Deus" (10,14). Não contente com essa única afirmação, o evangelista reforça-a com a declaração solene de Jesus no versículo seguinte: "Em verdade vos digo: aquele que não receber o Reino de Deus como uma criança, não entrará nele". O que essa passagem descreve está longe de certa noção romântica moderna da inocência ou brincadeira imaginativa da criança. Jesus quer dizer que o Reino será formado de pessoas que vivem como as crianças de seu tempo, que não têm poder próprio, nem "direitos", nenhuma reivindicação possível a tal herança.

A narrativa do homem rico (cf. 10,17-22) só é entendida corretamente à luz da economia da Palestina no século I. Em uma economia sem cresci-

---

[24] A palavra "vida" (*zoe*) não modificada ocorre em outras passagens por todo o NT para indicar o tipo de vida que temos em relação a Deus *agora*, por exemplo: "Estreita [...] e apertado o caminho que conduz à Vida" (Mt 7,14); "A vida do homem não é assegurada por seus bens" (Lc 12,15) e muitas vezes no Evangelho segundo João.

[25] Nos tempos antigos, para aumentar-lhes a impotência, as crianças eram extremamente vulneráveis a doenças e outros infortúnios. Trinta por cento das que nasciam vivas (30% morriam no parto!) já estavam mortas aos seis anos e outros trinta por cento aos dezesseis. Veja MALINA & ROHRBAUGH, *Social-Science*; Commentary on the Synoptic Gospels. Aqui citamos o artigo a respeito de crianças na p. 336.

mento, onde para alguém ganhar outra pessoa tem de perder, só se fica rico à custa de outrem. A grande fortuna pessoal era sempre resultado de ações injustas pelas elites poderosas ou seus intermediários, que controlavam a economia, o sistema judiciário e a polícia. Mesmo se alguém herdasse suas riquezas, elas ainda eram consideradas de origem desonesta pelos pobres, que eram constantemente explorados pelo sistema.[26]

Quando o homem pergunta sobre a "vida eterna", a resposta de Jesus concentra-se nesse ponto, quando substitui por "não defraudes" o esperado "não cobices", dos dez mandamentos. O homem demonstra sua cegueira à verdade quando protesta que tem guardado todos os mandamentos desde a juventude. Apesar disso, Jesus reconhece sua vulnerabilidade ao fazer a pergunta e reconhece um possível momento de conversão.[27] Em vez de condenar-lhe a hipocrisia, "Fitando-o, Jesus o amou". Ao responder a sua necessidade genuína, ele lhe dá a resposta sincera a sua pergunta sobre a vida eterna: "Vai, vende o que tens, dá aos pobres" (10,21). A "vida eterna" ou o "tesouro no céu" como Jesus a chama no versículo 21, só vem para os que entram no Reino agora, quando desistem do privilégio e poder que a riqueza garante. Quando pergunta o que precisava *fazer* para "herdar a vida eterna", o homem não percebe que alguém tem de desistir do *poder de fazer*, em especial do poder dos ricos, e ser como uma criança a fim de confiar totalmente em Deus para entrar no Reino. O homem sai e, assim, se recusa a seguir Jesus como discípulo, "pesaroso, pois era possuidor de muitos bens" (10,22). Isso é trágico também para Jesus; ele se volta para os discípulos e lamenta: "Como é difícil a quem tem riquezas entrar no Reino de Deus!" (10,23).

Os discípulos ficam admirados com esse comentário a respeito do Reino e, por isso, Jesus procura ensiná-los, repetindo-se. De modo incomum, ele os chama de "filhos", para lembrá-los do que ele acabou de dizer sobre a entrada fácil de crianças indefesas no Reino. Assim, ele lhes expõe claramente: "É mais fácil um camelo passar pelo fundo da agulha do que um rico entrar no Reino de Deus!" (10,25). Realmente, pois em nenhuma outra passagem do evangelho Jesus convida alguém para segui-lo que viesse

---

[26] A herança legal desses ganhos conseguidos desonestamente não justifica a maneira em que foram adquiridos. Como a estabilidade econômica baseava-se quase sempre na propriedade de terras, o monopólio da terra pelos ricos mantinha os pobres em estado contínuo de sujeição e dependência dos caprichos dos proprietários de terras.
[27] COOK & FOULKES, *Marcos*, p. 277.

até ele por vontade própria e em nenhuma outra passagem vemos alguém ir embora depois de ser chamado a segui-lo, "pois era possuidor de muitos bens" (10,22).

Os discípulos ficam "admirados" com as palavras de Jesus porque na antiga sociedade circumediterrânea, onde o patronato determinava a riqueza, os ricos eram considerados abençoados pelo principal patrono, Deus, que com certeza quis que eles fossem tão prósperos. Além disso, só os ricos podiam pagar todos os dízimos, os impostos do Templo e pagar todos os sacrifícios que o Código de Pureza exigia. O que Jesus diz aqui a respeito do Reino subverte completamente a sabedoria comum dessa sociedade e faz os discípulos espantados suspirarem: "Então, quem pode ser salvo?".

Os discípulos ainda não entendem a diferença radical do ensinamento de Jesus sobre desistir do controle e partilhar tudo que se tem. Seguindo suas suposições anteriores, eles simplesmente concluem que, se dificilmente os ricos são salvos, o resto da sociedade não tem, em absoluto, nenhuma possibilidade. Somente quando a pessoa entende que não há nenhum poder no Reino além do de Deus ela pode ser membro dele. Quanto à prosperidade terrena, ela só acontece para todos quando todos estão dispostos a partilhar o que têm, mesmo que achem pouco. Em seguida Jesus assegura aos discípulos que nunca haverá ninguém que tenha deixado a família e os bens "por minha causa ou por causa do Evangelho" que não possa esperar receber "cem vezes mais desde agora, neste tempo". Na comunidade formada pelo Reino de Deus, família, terras e todas as outras coisas são compartilhadas, não saqueadas. Quanto à "vida eterna", está também garantida "no mundo futuro" (v. 30).

Mal podemos acreditar quando, depois que Jesus anuncia sua paixão e morte pela segunda vez (cf. 10,33-34), os discípulos Tiago e João ingenuamente revelam sua ambição e pedem para ter autoridade no Reino. Não sabemos exatamente em que tipo de situação esses filhos de Zebedeu estão pensando quando pedem a Jesus: "Concede-nos, na tua glória, sentarmo-nos um à tua direita, outro à tua esquerda" (10,37), mas Jesus não nega estar destinado à glória com atendentes dos dois lados. Entretanto, é Deus que julgará e recompensará como ele quiser, pois foi Deus que preparou a recompensa gloriosa a ser partilhada com Jesus (cf. 10,40). Jesus deixa muito claro mais uma vez que eles, como todos os seus seguidores, devem primeiro participar de seu serviço de sofrimento para a comunidade de fiéis, a fim de serem grandes (cf. 10,44; cf. 8,34-38).

A narrativa da paixão

No início da parte final do evangelho, Jesus entra formalmente em Jerusalém, montado em um jumentinho que ele pediu especificamente, em cumprimento simbólico de Zc 9,9, onde se espera que o rei e salvador humilde venha em paz "humilde, montado sobre um jumento, sobre um jumentinho filho da jumenta". A multidão recebe-o alegremente como "o que vem em nome do Senhor!", citando a bênção dos sacerdotes sobre o rei vitorioso em Sl 118,26. Ela grita sua bênção sobre "o Reino que vem, do nosso pai Davi!" (11,10), mas esse é o reino errado! A seqüência de acontecimentos seguinte comprova isso. Jesus amaldiçoa uma figueira, mas antes nós a vemos "seca até as raízes" (11,20). Marcos descreve Jesus expurgando o Templo dos cambistas. Marcos freqüentemente "imprensa" uma narrativa dentro de outra, usando um recurso literário chamado *intercalação* para relatar duas narrativas originalmente independentes e mostrar que um incidente esclarece o sentido do outro. Aqui a figueira estéril simboliza o Templo, a base de poder dos líderes da instituição religiosa que buscam um reino político tão glorioso quanto o do rei Davi de outrora. Jesus ataca esse Templo, chamando-o de covil de ladrões, toca do mal, sem nenhum culto piedoso de Deus, estéril como uma árvore frutífera completamente seca. Sua tirania econômica contra os pobres foi chamada "ato de violência contra Deus" porque ataca a credibilidade da paternidade de Deus e da afirmação de vida.[28]

Em um *tour de force* narrativo de 11,27 a 12,34, Marcos continua a mostrar como Jesus deixa confusos todos os grupos de liderança religiosa que oprimem o povo com o sistema de sacrifícios do Templo e o Código de Pureza. Em um argumento após outro, Jesus encarrega-se dos chefes dos sacerdotes, dos escribas e dos anciãos, com os fariseus e saduceus e os desconcerta completamente com seu entendimento do Reino de Deus. Em 12,35-37, Jesus mostra que o verdadeiro Messias com certeza não será o descendente de Davi como os líderes religiosos supunham. Não, a idéia popular do "Reino de Davi", seu Templo e seus líderes religiosos — da aristocracia dos chefes dos sacerdotes aos fariseus presos à tradição — definitivamente não fazem parte do Reino de Deus.

O segmento seguinte do evangelho é o grande discurso escatológico do capítulo 13. Depois de denunciar os escribas pelas insidiosas explo-

---

[28] Mais uma vez somos gratos a Carlos BRAVO por sua vigorosa percepção (*Jesús, hombre en conflicto*, p. 300).

rações dos recursos das viúvas (cf. 12,38-44), Jesus condena de maneira inequívoca a fonte do poder deles, o Templo de Jerusalém, à destruição total (cf. 13,2). Ele prossegue e solenemente avisa aos seguidores quanto às dores e perseguições que eles sofrerão ao pregarem o Evangelho a todas as nações antes do fim (cf. 13,10). Eles são seus servos que precisam estar sempre a trabalho, sem saber quando o Senhor voltará (cf. 13,34-35). Embora seja de grande preocupação para nós, a questão da relação exata entre o Reino de Deus e a segunda vinda de Jesus não é discutida no discurso escatológico. Examinaremos esse discurso por inteiro quando tirarmos nossas conclusões finais a respeito do cronograma do plano de Deus anunciado por Jesus.

Quando chegamos à passagem da última ceia (cf. 14,22-25), Marcos descreve a ação mais profética e simbólica de Jesus a respeito do Reino de Deus. No contexto de uma refeição pascal, Jesus dá o exemplo supremo do ato de partilha total exigido pelo Reino de Deus. Aqui Jesus declara que seu corpo e sangue, isto é, a dádiva total de sua vida, ratificará a nova aliança. Nesta refeição ritual que começou como lembrança da antiga aliança, ele dá o pão eucarístico como o alimento de seu povo da nova aliança, e o vinho, seu sangue, como o selo da aliança deles.[29]

Ao término da refeição, Jesus declara solenemente que já não festejará com os discípulos "até aquele dia em que beberei o vinho novo no Reino de Deus" (14,25). Aqui ele lhes assegura que, embora deva morrer, nem sua presença para a comunidade, nem o próprio Reino chegarão ao fim com sua morte.[30] Ele já predisse três vezes (cf. 8,31; 9,31; 10,34) que ressuscitará depois da morte. Agora esclarece que voltará para eles no Reino, para beber o novo vinho que estoura os odres velhos (cf. 2,21), quer dizer, é precisamente por sua morte e ressurreição que o Reino acontecerá de modo mais definitivo.[31]

A última menção da expressão "Reino de Deus" no evangelho está depois da morte de Jesus. Em 15,43, Marcos apresenta a pessoa que pediu a Pilatos o corpo de Jesus para sepultamento como José de Arima-

---

[29] Veja a explicação completa que Carlos BRAVO dá da última ceia em *Jesús, hombre en conflicto*, pp. 220-221. Também digna de nota é a de Carlos MESTERS,. *Caminhamos na estrada de Jesus*, p. 75.
[30] Veja Francis J. MOLONEY. *The Gospel of Mark*; A Commentary. Peabody (Mass.), Hendrickson, 2002. p. 286.
[31] Morna HOOKER alude a essa conclusão em seu Black's New Testament Commentary, *The Gospel according to Saint Mark*. Peabody (Mass.), Hendrickson, 1991. p. 343.

téia, "que também esperava o Reino de Deus". Essa descrição enigmática em Marcos deu origem a todo tipo de interpretações. Ele é visto em uma luz favorável nos evangelhos mais tardios. Para Mateus, José "também se tornara discípulo de Jesus" (Mt 27,57); ele "era discípulo de Jesus, mas secretamente", em Jo 19,38. Finalmente, em Lucas ele "não concordara nem com o desígnio, nem com a ação deles [do Sinédrio]" para crucificar Jesus (cf. Lc 23,51). Entretanto, ultimamente muitos biblistas pensam que o José histórico talvez estivesse apenas interessado em que o Código de Pureza não fosse transgredido por um cadáver judaico insepulto depois do pôr-do-sol.[32]

Nosso assunto é, naturalmente, o que *Marcos* achava dessa tradição e, em especial, o que ele indicou pela relação de José com o Reino. Em virtude do gosto de Marcos pela ironia, é muito provável que o evangelista acrescentasse uma peculiaridade à tradição daquele que fez por Jesus o que os discípulos não fizeram, a saber, sepultar seu corpo. Quando lemos este episódio conforme foi escrito antes dos relatos dos outros evangelhos que mostram José em uma luz favorável e portanto independente deles, percebemos diversos fatores que indicam a opinião negativa que Marcos tem das ações de José. Primeiro, José, "ilustre membro do Conselho", fez parte do julgamento no Sinédrio, onde Marcos diz: "Todos julgaram-no réu de morte" (14,64). Segundo, ele "*ousando* entrar onde estava Pilatos, pediu-lhe o corpo de Jesus" (15,43), porque, assim fazendo, arriscava-se a ser ligado àquele que foi executado como pretendente ilegítimo ao trono, traidor de Roma, "o rei dos judeus". Terceiro, depois de confirmar que Jesus estava morto, Pilatos entregou o corpo a José porque sabia ser ele membro do Sinédrio, a mais poderosa instituição religiosa que colaborava com o governo romano. Finalmente, no relato de Marcos, José não faz nenhum dos rituais de sepultamento apropriados, de lavar e ungir, mas dispõe do corpo enrolando-o em um simples lençol e pondo-o em um túmulo que fora talhado na rocha. Ele precisa rolar uma pedra para fechar o túmulo, a fim de impedir que alguma impureza ritual futura por animais selvagens profanasse o corpo. Desse modo, José, membro da elite religiosa, apenas cumpre o preceito da Lei para sepultar o corpo de um criminoso que foi executado publicamente: "Tu o sepultarás no mesmo dia, pois o que foi

---

[32] No que se segue sou grato ao excelente comentário de Sharyn Dowd, *Reading Mark*; A Literary and Theological Commentary on the Second Gospel.Macon (Ga.), Smyth & Helwyn, 2000. pp. 164-165. (Reading the New Testament.)

suspenso é um maldito de Deus. Deste modo não tornarás impuro o solo" (Dt 21,23). A ironia marcana é que esse ato justo foi praticado por alguém que buscava o Reino do modo errado, pois não tinha nada a ver com o Reino que Jesus pregava e o condenou à morte. Talvez José aguardasse o Reino de Deus, mas ainda era um dos "de fora" (4,11).

Marcos salienta a dificuldade que os seguidores de Jesus têm para entender seu jeito de sofrer quando todos os discípulos o abandonam no momento de sua prisão no Getsêmani (cf. 14,50). Eles serão perdoados pelo ato covarde quando, depois do tempo da narrativa de Marcos, eles se reúnem novamente para pregar o Reino e fundar o movimento de Jesus, a Igreja da qual esse evangelho faz parte. Marcos entende bem esse perdão, pois o "jovem" de quem a roupa "era só um lençol enrolado no corpo" (14,51) na hora da prisão de Jesus no Getsêmani pode bem ser uma alusão autobiográfica ao próprio evangelista, como pensam muitos biblistas. Talvez Marcos recorde uma ocasião vergonhosa e covarde de sua vida usando a imagem de si mesmo de literalmente pular fora da roupa para fugir do sofrimento de Jesus. Mas no fim do evangelho esse mesmo "jovem" retorna mais uma vez "vestido com uma túnica [do seu batismo?] branca" na passagem do túmulo vazio. Ali ele tem o privilégio de proclamar a ressurreição às mulheres e instruí-las para irem anunciar a Boa-Nova (cf. 16,6-7) — exatamente como Marcos fez para nós ao escrever esse evangelho!

Depois que o jovem anuncia a ressurreição de Jesus às mulheres no túmulo vazio, ele as encarrega de contar aos discípulos. "Ele vos precede [para a] na Galiléia. Lá o vereis, como vos tinha dito" (16,7). Na verdade, logo depois da última ceia, Jesus os advertiu de que eles todos se escandalizariam com sua morte, mas que, "depois que eu ressurgir, eu vos precederei [para a] na Galiléia" (14,27-28). Traduzimos a expressão preposicional "[para a] na Galiléia" desse modo ambíguo porque, como acontece com tanta freqüência, aqui nosso evangelista usa uma linguagem que pode ter dois ou mais sentidos. A declaração do jovem em 16,7 significa que Jesus os precede para a Galiléia, com o sentido de que é para lá que eles também devem ir para encontrar o Senhor ressuscitado.[33]

Entretanto, em uma interpretação melhor, o anúncio do jovem significa que Jesus irá à frente deles *na* Galiléia, isto é, ele os guiará para lá

---

[33] É isso na verdade o que acontece na conclusão do Evangelho de Mateus (28,16-20), no qual os discípulos encontram Jesus Ressuscitado em um monte da Galiléia.

como o pastor guia o rebanho (cf. 14,27). Entretanto, isso só acontecerá se eles voltarem para a "Galiléia", lugar que tem forte sentido simbólico neste evangelho, aqui no fim e no começo (a "Galiléia" é mencionada cinco vezes no cap. 1). A "Galiléia", o local onde Jesus iniciou o ministério, tem sentido geográfico e teológico em Marcos. Está longe do centro da religião judaica oficial, realmente em suas margens, e é considerada lugar impuro pelos líderes religiosos. Aqui devemos entender que os discípulos podem "ver" Jesus somente se ousarem voltar à Galiléia simbólica, isto é, se voltarem ao "começo" do evangelho. Como Jesus, eles precisam estender os braços para os pobres e párias às margens da sociedade, partilhar com eles tudo o que têm e então passar pela "narrativa da paixão" deles mesmos enquanto sofrem com Jesus para difundir o Reino. Essa é a exigência que Marcos estabelece para todo verdadeiro discípulo cristão: ter a mesma atitude que Jesus quanto ao conflito, isto é, abraçá-lo com amor, como fez aquele que foi completamente livre em sua fidelidade à vontade de Deus.[34] É uma experiência de vida que nenhuma narrativa de aparições da ressurreição provoca ou substitui. É por isso que o evangelho termina bruscamente em 16,8 (término original), sem precisar de nenhuma aparição de Jesus ressuscitado para concluí-la.[35]

O tempo do Reino

Agora nos voltamos para o programa muito complicado da hora do Reino, para um resumo do que nosso evangelista pressupõe e esclarece para nós a respeito daquilo que aprendemos até aqui a respeito de quando e como o Reino vem. Primeiro precisamos admitir que não podemos esperar uma consistência incontestável neste assunto, nem devemos insistir em uma lógica de face única quando sabemos que esse autor antigo modificou muitas fontes ao apresentar seu entendimento pessoal do Reino. Nosso procedimento será organizar os dados do evangelho a respeito da chegada do Reino e então fazer um resumo do que encontramos.

O primeiro emprego da expressão "o Reino de Deus" no evangelho define o tema para toda a primeira parte (cf. 1,16–8,26). A tradução literal do texto é: "Cumpriu-se o tempo, e o Reino de Deus aproximou-se" (1,15).

---

[34] Meus agradecimentos a Luís MOSCONI pela excelente meditação na liberdade e confiança de Jesus em *Evangelho de Jesus Cristo segundo Marcos*, pp. 77-78.
[35] Agradeço a Johan KONINGS (*Marcos*, p. 66) e a Carlos BRAVO (*Jesús, hombre en conflicto*, pp. 297, 301) essa chave interpretativa para o evangelho como um todo.

Aqui o Jesus de Marcos usa dois verbos no tempo perfeito em grego, o tempo que significa que, embora uma coisa já tenha acontecido no passado, seu efeito perdura e influencia o presente. Assim, como declaramos anteriormente, "cumpriu-se o tempo" (Mc 1,15) significa que a data de um acontecimento especial do plano de Deus passou; o acontecimento já começou.

O verbo da segunda oração, "aproximou-se" (*engiken*), é bastante contestado, mas isso é porque muitos biblistas não largam de sua percepção de tempo quantitativa, orientada para o futuro. O próprio verbo grego deriva do advérbio "próximo" e significa, no tempo perfeito, "aproximou-se" no sentido de "já chegou perto e agora está à mão". O sentido do que Jesus diz é que o Reino de Deus está perto de todos e torna-se presente *agora* na experiência de todos que o seguem. O evangelho mostra vezes sem conta no ministério de Jesus como o Reino de Deus *realmente* irrompe na vida dos que crêem nele. Essa confiança na presença de Deus em Jesus fá-los completos ao expulsar o mal que os persegue e devolvê-los a seu lugar apropriado na sociedade da qual foram marginalizados.

No capítulo 4 do evangelho, como vimos, a natureza do Reino é explicada em parábolas. Em 4,11 Jesus fala do mistério do Reino, e em 4,26 e 30 o crescimento do Reino voltado para Deus é assegurado pelas similitudes da semente que germina por si só e do grão de mostarda. Também nos ditos do Reino em 9,47; 10,14-15.23-25, o Reino é uma coisa onde podemos entrar, uma realidade presente na experiência dos que desejam participar dele. O escriba em 12,34 e José de Arimatéia (cf. 15,43) ainda estão fora do Reino por causa de sua fé incompleta. Todos esses versículos que falam do Reino referem-se a suas exigências para o tempo presente. São as exigências de uma realidade que já existe, acessível imediatamente aos que crêem e se dedicam à vontade divina. Alguns nunca entrarão no Reino de Deus; são os "de fora" (4,11). Outros que a princípio entram nele sairão dele por uma variedade de razões (cf. 4,14-19).

Somente dois versículos a respeito do Reino de Deus, 9,1 e 14,25, falam de alguma coisa exclusivamente no futuro, mas — e isso é muito importante — em nenhum dos casos está escrito que o Reino propriamente dito é exclusivamente futuro. Em 14,25, como vimos, Jesus promete voltar para a companhia dos discípulos e beber o vinho novo depois de sua ressurreição, mas ele não esclarece exatamente quando será esse momento "no Reino de Deus". Em 9,1, por outro lado, Jesus prediz que alguns dos que estão com ele hão de ver "o Reino de Deus chegando com poder". Isso significa evidentemente que essas pessoas hão de ver alguma coisa nova, alguma coisa diferente do efeito do Reino nos que já o experimentaram no ministério de Jesus, em suas palavras e ações já poderosas. O algo novo é que o Reino virá *com poder* e a chave para entender quando isso acontecerá é o contexto de 9,1, que começa com a declaração de Jesus a respeito da vinda do Filho do Homem na glória (cf. 8,38) e inclui o relato seguinte da transfiguração (cf. 9,2-8).

Antes de mais nada, é muito improvável que 9,1 simplesmente repita a declaração do versículo anterior (cf. 8,38) com outras palavras e, assim, aqui a vinda do Reino "com poder" (9,1) *esteja sendo comparada* com a vinda de Jesus na glória como Filho do Homem (cf. 8,38). Marcos diz que o Reino deve vir com poder *antes* da segunda vinda, aquele acontecimento *final* da história, quando o Filho do Homem "enviará os anjos e reunirá seus eleitos" dos confins do mundo (cf. 13,27). Isso só pode acontecer depois da destruição do Templo (cf. 13,2) e depois de muita tribulação (cf. 13,24), quando os eleitos tiverem proclamado o evangelho a todas as nações (cf. 13,10). Mas quando o Reino vem *primeiro* "com poder"?

O fato de 9,1 ser seguido pelo relato da transfiguração é muito significativo. Parece que Marcos quer explicar a declaração um tanto enigmática de 9,1 com os versículos seguintes (cf. 9,2-13). Aqui Jesus sobe a uma alta montanha com seu círculo íntimo de discípulos, Pedro, Tiago e João, e por um breve momento aparece-lhes em toda a sua glória celeste. Nessa visão, tempo e espaço desaparecem quando Jesus fala com as figuras celestes do passado remoto, Moisés e Elias, seus grandes predecessores proféticos. É um vislumbre da realidade celeste da glória de Jesus que está por trás de sua realidade terrena *aparentemente* frágil nos últimos dias de seu ministério.

Ao fim dessa passagem da transfiguração encontramos a chave para o tempo da vinda do Reino de Deus "com poder". Jesus ordena aos discípulos "que a ninguém contassem o que tinham visto, até quando o Filho do Homem tivesse ressuscitado dos mortos" (9,9). Só depois da ressurreição as pessoas entenderiam o sentido da realidade celeste de Jesus, fato que se provou verdadeiro até para os discípulos que testemunharam a transfiguração. É óbvio que eles não a entenderam, ou não teriam fugido quando Jesus foi preso no Getsêmani.

O que significa, então, dizer que o Reino viria *com poder*? No Evangelho de Marcos a palavra "poder" (*dynamis* em grego) sempre se refere ao poder sobre a vida e a morte de um Deus vivo e ativo. Em 6,2.5.14; 9,39, a palavra significa uma "ação considerável" do poder de Deus, o que chamamos "milagre". Em 12,24, refere-se ao poder de Deus para ressuscitar os mortos; em 13,26, Jesus virá como o Filho do Homem com poder e glória divinos. Em 14,62, na frase "sentado à direita do Poderoso" *dynamis* é substituto reverencial para o nome de Deus na vinda do Filho do Homem e claramente significa que Jesus estará sentado à direita de *Deus*.

Concluímos que para Marcos o Reino de Deus já está próximo no tempo do cumprimento que Jesus anunciou no início de sua vida pública. Estava presente em Jesus *durante todo o* seu ministério de cura e ensinamento. Tornou-se presente *com poder* depois do acontecimento bilateral da morte abnegada de Jesus e da justificação escatológica dele por Deus na ressurreição.[36]

Na teologia de Marcos, os discípulos só começaram a entender a verdadeira identidade de Jesus depois de sua morte e ressurreição. De fato, quando Jesus morre, até um centurião pagão aos pés da cruz proclama que Jesus é "Filho de Deus" (15,39). Mas só depois do poderoso ato divino de superar a morte ao ressuscitar Jesus para a nova vida todos entenderam a verdadeira natureza da cruz. Esse duplo acontecimento cósmico da cruz e ressurreição de Jesus inicia uma nova fase do plano de Deus, na qual os fiéis entendem o verdadeiro poder de Deus. Fortalecidos desse modo por essa revelação definitiva da identidade de Jesus (a revelação completa do segredo messiânico!), seus seguidores começaram a compreender o plano divino para a salvação de toda a humanidade por meio de seu discipulado obediente. Sua entrada no Reino de Deus na terra é sua obediência à vontade divina de que "o Evangelho seja proclamado a todas as nações" (13,10).[37] Então elas se tornarão a nova "casa [de Deus] de oração para todos os povos" (11,17) depois de se encontrarem com Jesus "na Galiléia", onde farão sua a jornada espiritual de Jesus, eles mesmos fortalecidos pela liderança de Jesus ressuscitado. Nessa nova fase do Reino, as celebrações eucarísticas da Igreja serão uma alegre confraternização com Jesus, tão certamente quanto o banquete da última

---

[36] Podemos comparar o uso paulino da expressão "com poder" ligada à ressurreição em Rm 1,4 — Cristo Jesus foi "estabelecido Filho de Deus com poder por sua ressurreição dos mortos, segundo o Espírito de santidade".

[37] Hugh HUMPHREY discute "O Reino vindo com poder", a dramática inversão da fraqueza dos discípulos e sua captação para pregar o Reino por causa da ressurreição no excelente livro *He Is Risen! A New Reading of Mark's Gospel*. New York, Paulist, 1992. pp. 153-156.

ceia foi profecia e símbolo de sua morte.[38] Foi então verdadeiramente que o Reino veio "com poder"!

Resumo e conclusões

No Evangelho de Marcos o Reino de Deus é uma realidade existencial totalmente nova para o povo da aliança de Israel, que Deus fez aproximar-se no ministério de Jesus. Não é um lugar e, com certeza, não é o "céu",[39] mas sim um estado misterioso e oculto de ser neste tempo, porque é uma interação com Deus, só alcançável na vida de alguém pela fé. Nele, homens e mulheres desfrutam a graça da santa presença de Deus para eles como soberano supremo de suas vidas e restaurador de sua liberdade e salvação. Embora Jesus anunciasse o Reino a Israel, era impossível negá-lo a outros que procuravam o senhorio do Deus amoroso de Israel, pois é o destino de todos, "a possibilidade de uma sociedade nova e justa, digna de seres humanos, a alternativa que Deus propõe à humanidade".[40]

O início do Reino foi na Galiléia, longe do domínio do Templo e da Lei e, na verdade, bastante subversivo em relação ao exclusivismo dos líderes religiosos instituídos, que procuraram impedir seu início, pois estava claro que o Reino não se ajustava a seu sistema social e religioso legalista e elitista. Em seu ministério, Jesus pôs constantemente em contraste o poder do Reino para salvar e a impotência do legalismo deles. Ele deixou claro que o Reino não lhes seria confiado, não seria atrapalhado pelo Código de Pureza, mas que era uma *nova* relação de aliança entre Deus e o povo escolhido. A reação inevitável dos líderes religiosos a Jesus como revelador do Reino foi de violência: tinham de matar aquele a quem não conseguiam derrotar por argumentos.

Sendo Filho de Deus, Jesus tinha autoridade para anunciar o Reino, que começou a irromper na existência terrena a partir do reinado celeste

---

[38] Juan MATEOS & Fernando CAMACHO. *Marcos*; Texto y Comentario. Córdoba (Espana), El Almendro, 1994. p. 248. Embora o Evangelho de Marcos original não descreva Jesus ressuscitado comendo e bebendo com os discípulos, o testemunho de são Paulo mostra que a refeição eucarística já estava bem estabelecida na Igreja cristã nos anos 50 (1Cor 11,23-34). Marcos alude claramente a essa prática ao apresentar as milagrosas multiplicações dos pães (6,30-44 e 8,1-9). A tradição segundo Marcos também relata uma refeição em que Jesus "tomou o pão, abençoou-o, depois partiu-o e distribuiu a eles [a seus discípulos]" depois da ressurreição (Lc 24,30; cf. as refeições pós-ressurreição com Jesus no final mais longo de Marcos [16,14] e em Jo 21,9-13).

[39] Como é do conhecimento geral, quando o chama "o Reino dos Céus", Mateus apenas segue o costume judaico de evitar dizer o nome divino de Deus. Por reverência, ele substitui Deus pela palavra "Céus", o lugar onde Deus habita.

[40] MATEOS & CAMACHO, *Marcos*, p. 78.

do poder absoluto de Deus com Jesus no centro. Esse é o poder que cura doenças e expulsa o mal que enfraquece a humanidade, compromete as pessoas com o poder do pecado, as exclui de sua justa herança como filhos de Deus. Força o caminho do futuro para derrubar todas as barreiras religiosas e sociais que dividem a sociedade e oprimem os marginalizados pelo sistema político e religioso predominante.[41]

Embora não seja um local geográfico, o Reino é uma dimensão da existência na qual habitam os que crêem. É uma comunidade que substitui a família patriarcal no apoio e preocupação por seus membros. O que é exigido para entrar neste novo modo de ser é o arrependimento, a mudança radical de uma vida de desespero e aceitação fatalista da injustiça para uma vida de confiança na presença amorosa e libertadora de Deus. Entrar no Reino de Deus significa entrar no plano escatológico divino, no qual uma vida de partilha total com os outros significa uma vida no relacionamento apropriado com Deus. Como Pai amoroso, Deus perdoa a todos, mas também exige o perdão total uns dos outros. Eis o mistério do Reino: é preciso entrar nele, isto é, dedicar-se à vontade de Deus pela fé, a fim de entender o que Deus realmente quer para cada pessoa. Caso contrário, a vida permanece um enigma insolúvel para os pobres e os fracos e uma hipocrisia vazia para os ricos e fortes.

Essa realidade que Jesus expressa parece ser algo muito simples, como o sal, ou um grão de mostarda, e acontece na vida comum. No Reino a presença amorosa de Deus destrói todos os obstáculos à união com a verdadeira comunidade, sejam eles físicos, sociais, emocionais ou espirituais. Guiada pelo Espírito Santo, ela é uma família nova e totalmente inclusiva, sem preconceito contra ninguém. Todos os membros devem colaborar para anunciá-lo e realizá-lo por meio de seu anúncio do Evangelho a todas as nações. De fato, ele depende do amor de Deus que opera por intermédio da generosidade dos que verdadeiramente empenham-se em fazer a vontade de Deus.

Permanecer fora dele, ao abraçar qualquer outra realidade que não Deus como segurança, é continuar a viver no medo e na vergonha de uma vida dominada pelo pecado. Negar o Reino ou deixá-lo — a pessoa está sempre livre (e mesmo tentada) a fazer isso — é, de fato, perder o direito à vida, pois o banquete messiânico é preparado apenas para os que seguem Jesus, pregando seu Evangelho de justiça e integrando-se com todos.

---

[41] A respeito desta importante conclusão, veja BRAVO, *Jesús, hombre en conflicto*, pp. 69-70.

O evangelista Marcos é como um bom amigo na hora do sofrimento. Ele não fala muito da alegria de entrar no Reino agora como fazem os outros evangelistas. De fato, em seu evangelho, Jesus diz que haverá um dia de jejum quando ele, o noivo, se for (cf. 2,20). Marcos também não relata as narrativas que Jesus contou do amor terno de Deus como as parábolas do filho pródigo e da ovelha perdida, ou da proximidade dos ramos com a videira. Não, para nós e para sua comunidade profundamente angustiada, ele conta a verdade: os tempos estão terrivelmente difíceis. Parece não haver nenhum alívio à vista. Como Jesus, sua pregação de justiça evangélica fará com que sejam batizados com o batismo do sofrimento em uma vida de serviço abnegado para os outros que os levará a sua experiência de rejeição e perseguição na "Galiléia". Rejeição e perseguição são, de fato, o destino de todos os que seguem Jesus. Jesus não disse que seus verdadeiros seguidores devem tomar "a sua cruz" e perder a vida "por causa de mim e do Evangelho" (8,34-35)? O verdadeiro discípulo deve seguir o ministério de Jesus de serviço de sofrimento e a dádiva total de si mesmo que ele prefigurou com tanta perfeição na última ceia e realizou na crucifixão.

Assim, qual é a recompensa de trocar uma vida desprezível, mas previsível de marginalização e exploração impotente pelos poderes deste mundo, por uma vida de rejeição, angústia e incerteza por causa do Evangelho de Jesus? A diferença não podia ser maior! Sendo membros do Reino, os discípulos de Jesus serão consolados e protegidos pelo amor de Deus em uma comunidade de irmãos e irmãs, com cem vezes mais das realidades que dão sentido à vida nesta época. É verdade que sofrerão, talvez até mais nesta vida do que se tivessem ignorado a mensagem urgente de Jesus. Mas se eles dão o salto para o Reino com Jesus, viverão para o que Deus os criou, livres e confiantes. Não importa o custo, a dádiva de sua vida de serviço voltado para os outros culminará em sua salvação e vida eterna no tempo que há de vir.

Embora sua profunda realidade só fosse percebida depois da ressurreição, quando o Reino de Deus veio com poder, a morte de Jesus é o momento de glória da humanidade, pois nela o poder infinito de Deus misericórdia amorosa é visto mais claramente. De fato, o sacrifício de Jesus na cruz é o momento mais revelador do plano de Deus, pois é a oferta total de si mesmo por Deus à humanidade. Com efeito, embora Deus sempre tenha poder completo sobre a vida e a morte, a crucifixão de Jesus é a garantia de que nós humanos somos completamente livres para aceitar o amor de

Deus oferecido pelo obediente Filho de Deus — ou rejeitá-lo sem demora, como quisermos. A ressurreição de Jesus é, antes de tudo, a confirmação da maneira como Jesus viveu e morreu.

O Reino de Deus veio com poder na morte e ressurreição de Jesus exatamente como ele predisse, e a santidade de Deus aproximou-se de todos que sofrem em nome de Jesus. É o poder divino que garante o crescimento do Reino e o programa divino desconhecido que o realizará. Jesus, o verdadeiro representante da humanidade, é seu modelo que vive a plenitude do ser humano em liberdade e confiança total em Deus. Mas Jesus prometeu que virá, como o Filho do Homem, "na glória do seu Pai com os santos anjos" e reunirá seus eleitos (cf. 8,38). É desse tema escatológico do evangelho que devemos tratar na segunda parte de nosso estudo.

Parte II

A ESCATOLOGIA DO EVANGELHO DE MARCOS

Capítulo 4
REFLEXÕES CULTURAIS NO PENSAMENTO ANTIGO

Introdução: o gênero apocalíptico

A Bíblia hebraica (o Antigo Testamento) é um relato da revelação de Deus durante muitos séculos ao povo que Deus escolheu para trazer a salvação ao mundo. Trata das origens desse povo e remonta à criação para explicar a natureza humana e as razões pelas quais a humanidade precisa da ajuda salvífica de Deus. A Bíblia também relata o desenvolvimento da nação de Israel, suas muitas conquistas maravilhosas e seus desvios pecaminosos do plano divino. Por último, fala das promessas divinas de salvar o mundo todo pela intercessão do povo escolhido e do salvador que Deus suscitará do meio deles. Este último tema chama-se escatologia, porque prenuncia o que a intervenção *final* de Deus será na história para a salvação do mundo. As espécies mais proeminentes de escatologia no Antigo Testamento são a dos profetas antes e depois do exílio babilônio e a de uma espécie mais tardia de escrito judaico chamado "apocalíptica".

A escatologia apocalíptica prediz uma repentina "revelação" (o grego *apocalypsis* significa "revelação"). Nela, o poder infinito de Deus irrompe no mundo para acabar com os males da história e endireitar as coisas para a humanidade. No antigo judaísmo todo um gênero de literatura tratava dessa espécie de escatologia, e seus exemplos são o livro de Daniel no Antigo Testamento e um montão de textos judaicos mais tardios como os livros de *Henoc, Jubileus, 4 Esdras* e os rolos da Guerra e do Templo entre os Manuscritos do mar Morto de Qumrã. O livro do Apocalipse é o único texto completamente apocalíptico no Novo Testamento, mas na Igreja primitiva foram mais tarde escritos alguns apocalipses.

Entretanto, o Evangelho de Marcos não é um apocalipse. De fato, tem muito mais em comum com a antiga *"Vida de"* (*bios* em grego), gênero de literatura helenística. Contudo, essa também não é uma descrição perfeita dele. O evangelho não foi escrito no estilo literário elevado de, digamos, *Vidas paralelas*, de Plutarco, e tem grandes diferenças de conteúdo. É realmente mais como a antiga literatura romanesca, como os romances que eram lidos em voz alta para o entretenimento do povo que não sabia ler. Como eles, o Evangelho de Marcos caracteriza-se por presságios do que vai acontecer mais adiante na narrativa, ecos de histórias mais primitivas, repetições de palavras-chave e de expressões e apresentação de histórias semelhantes, todas entrelaçadas para "manter a audiência informada quanto ao que já aconteceu e ao que vai acontecer no romance".[1] O Evangelho de Marcos, já se vê, não é um romance, mas uma narrativa que combina vários aspectos da composição literária antiga.

Embora revele algumas características da literatura helenística, o Evangelho de Marcos é bem judaico, pois praticamente toma o Antigo Testamento como modelo e narra a história de um Messias judeu. Tem muito em comum com a escatologia profética dos escritos do livro de Isaías, em especial nas descrições dos milagres reintegradores de Jesus, sua morte como o Servo Sofredor e seu chamado à "fé e à transformação", na expectativa do cumprimento das promessas de Jesus.[2] E, contudo, também tem muito em comum com a linguagem da apocalíptica judaica, suas imagens e até seu ponto de vista principal, a saber, que o poder de Deus se manifestará de repente (na vinda do Filho do Homem) para a salvação do mundo. Entretanto, Marcos é diferente do gênero apocalíptico estritamente judaico, porque o evangelho trata principalmente de fatos *passados* da vida de Jesus, exceto no discurso do capítulo 13 e em alguns outros ditos de Jesus. Outra grande diferença é que na apocalíptica judaica a salvação, a vinda do Espírito de Deus e a renovação do mundo são acontecimentos totalmente futuros, enquanto em Marcos esses acontecimentos fundamentais já começaram. Assim, podemos dizer que, embora o Evangelho de Marcos não seja um apocalipse, seu autor decidiu usar o modo de pensar e a linguagem apocalíptica na apresentação da mensagem de Jesus Cristo e do programa de ação para seus seguidores na Igreja de Marcos.

Antes de estudar a escatologia do Evangelho de Marcos, é crucial esclarecer alguns aspectos da linguagem apocalíptica que ele usa na apre-

---

[1] Veja a excelente introdução ao gênero de Marcos em Sharon Dowd, *Reading Mark*; A Literary and Theological Commentary on the Second Gospel. Macon (Ga.), Smyth & Helwyn, 2000. p. 2. (Reading the New Testament.)

[2] Mais uma vez a introdução de Dowd está corretíssima (veja a p. 6).

sentação da mensagem urgente de Jesus para o futuro, especificamente aqueles que outras culturas que não a nossa entendem de modo diferente: a linguagem simbólica, a percepção do tempo e o modo como a pessoa se identifica dentro da comunidade.

O valor simbólico da linguagem apocalíptica

O propósito da literatura apocalíptica era de que o autor usasse a autoridade divina de um revelador sobrenatural, como o anjo no livro de Daniel ou o próprio Jesus no livro do Apocalipse, para exortar ou consolar um grupo em crise. Na literatura apocalíptica, a força da imaginação humana é usada para construir um mundo simbólico no qual as esperanças e os valores de fé se confirmam apesar da incapacidade e até da ameaça de morte.[3] Cria-se uma imagem mitológica, um mundo simbólico que transfigura o presente, "subverte a confiança na rotina da existência e apóia uma visão de existência rica e fortalecida baseada na instrução de [um revelador sobrenatural]".[4] Quando a realidade histórica e social não pode ser exposta em termos imediatos e realistas, só a linguagem imaginativa da fé pode *dizer a verdade* por uma espécie de sabedoria para entender o potencial e as desvantagens reais da situação.

O modo de comunicação da apocalíptica é simbólico: relata o que não é percebido por conceitos abstratos, codificando e transmitindo uma experiência mais plena e psíquica. Segundo o filósofo Herbert Musurillo, a linguagem apocalíptica é "quase pré-lógica, como se fosse um vasto mosaico, ou um hino cultual musical".[5] Desperta uma experiência emocional profunda, "libera energias ocultas na alma" e comunica níveis de sentido inacessíveis por meio da experiência imediata do pensamento conceptual.[6] O autor mexicano Virgil Elizondo relata sua experiência em um grupo de peregrinação ao santuário de Nossa Senhora de Guadalupe nessa linguagem simbólica: "Foi como se entrássemos todos juntos no ventre comum das Américas", diz ele. "Eu não precisava de nenhuma explicação para

---

[3] John J. COLLINS. *The Apocalyptic Imagination*; An Introduction to Jewish Apocalyptic Literature. 2. ed. Grand Rapids, Eerdmans, 1998. p. 283. Collins diz: "A função da literatura apocalíptica é formar a percepção imaginativa de uma situação por parte da pessoa e, assim, lançar a base para o modo de ação a que ela exorta" (p. 42).
[4] John KLOPPENBORG. Symbolic Eschatology and the Apocalypticism of Q. *HTR* 80, 1987. p. 304.
[5] Herbert MUSURILLO. *Symbolism in the Christian Imagination*. Baltimore, Helicon, 1962. p. 28.
[6] Avery DULLES. Symbol in Revelation. *New Catholic Encyclopedia*. New York, McGraw-Hill, 1967. v. 13, p. 862.

minha experiência. Eu a vivera. Naquele espaço sagrado, eu fazia parte da comunhão da terra e do céu, da família atual e dos antepassados e das gerações futuras. Foi um dos momentos centrais de minha vida".[7] A linguagem simbólica da apocalíptica é como "uma obra de arte — como uma grande pintura que *move* o leitor de sentimentos de frustração e desespero a sentimentos de grande força, coragem, destemor e esperança".[8]

No *corpus* dos escritos apocalípticos antigos, quase todo elemento cósmico e terrestre tem um determinado valor simbólico. Por exemplo, o sol escurecido é sinal sobrenatural da chegada da presença do Senhor Deus, seja em Am 8,9, Jr 15,9, Mc 13,24, seja na crucifixão de Jesus em Mc 15,33. No século I, "uma tradição de simbolismo" no judaísmo tornou a literatura apocalíptica decifrável por todos.[9] Esses símbolos, que eram "os códigos e a matéria-prima da apocalíptica",[10] receberam seu significado religioso dos oráculos da profecia veterotestamentária tardia, "uma experiência de pensamento na qual já haviam servido como símbolos de conceitos religiosos".[11] Assim, a mesma imagem veterotestamentária de estrelas cadentes (cf. Is 34,4) pela qual Isaías previu a queda de Edom é empregada por Marcos em 13,25 e por João de Patmos em Ap 6,13 para descrever a fase cósmica a ser estabelecida para o triunfo do Filho do Homem e o Cordeiro, respectivamente.

Tal enfoque do símbolo é natural para muitos leitores latino-americanos dos evangelhos. Ao contrário de nós, americanos e europeus, eles não têm necessidade da explicação precedente, mas intuem o sentido dos símbolos bíblicos, "pois é com estes mesmos olhos que [interpretam] os

---

[7] Virgil ELIZONDO. *Guadalupe, Mother of the new Creation*. Maryknoll (N.Y.), Orbis, 1998. p. x.
[8] Assim Albert NOLAN no prefácio a Carlos MESTERS, *The Hope of the People Who Struggle*: The Key to Reading the Apocalypse of St. John. Athlone (South Africa), Theological Exchange Program, 1994. p. ix. Do original: *Esperança de um povo que luta*; o Apocalipse de são João; uma chave de leitura. 13. ed. São Paulo, Paulus, 2004.
[9] LACOQUE. *Apocalyptic Symbolism*; A Ricoeurian Hermeneutical Approach. *Biblical Research* 26, 1981. p. 12. Segundo J. J. COLLINS, "Os relatos de visões [do livro de Daniel] não derivam do consciente (ou inconsciente) particular e subjetivo do indivíduo. São formulados em linguagem tradicional, grande parte da qual é tirada, basicamente, da mitologia do antigo Oriente Próximo". *The Apocalyptic Vision of the Book of Daniel*. Missoula (Mont.), Scholars Press, 1977. p. 95. (HSM 16.) É observação valiosa quanto à maneira antiga de pensar com símbolos concretos em vez dos conceitos abstratos nos quais muita gente moderna pensa. N. PERRIN chama os símbolos apocalípticos de "esteno-símbolos", figuras literárias esvaziadas imediatamente por uma relação de correspondência única com o sentido e por isso imediatamente compreensíveis para o leitor ou ouvinte antigo. Eschatology and Hermeneutics; Reflections on Method in the Interpretation of the NT. *JBL* 93, 1974. pp. 10-11.
[10] COLLINS, Apocalyptic Imagination, p. 22.
[11] C. H. DODD. *The Interpretation of the Fourth Gospel*. Cambridge, University Press, 1954. p. 137.

fatos de sua própria vida".[12] Esse argumento é muito importante para nossa interpretação do Evangelho de Marcos: as experiências mais significativas e pessoais do povo são entendidas e expressas com mais eficiência pela linguagem simbólica. Para nós, pensadores pós-iluminismo, a linguagem que mais absorve a atenção é *abstrata*, como a descrição da vida de Jesus como uma *Proexistenz* (apreciamos a densidade dos termos abstratos alemães), que significa uma vida ou existência totalmente dedicada "para" (*pro* em latim) os outros. Marcos gosta de demonstrar a mesma idéia pela linguagem *simbólica* de Jesus, na qual ele compara sua vida (concretamente seu corpo e seu sangue) com a oferenda sacrifical de um cordeiro a Deus no Antigo Testamento. Eu próprio sinto-me arrebatado por uma expressão como "linguagem tensiva" empregada por Norman Perrin para indicar que a linguagem simbólica das parábolas reúne diversos sentidos em tensão e não pode ser completamente apreendida por uma única explicação.[13] Jesus preferia simplesmente contar a história.

Marcos provoca o mesmo arrebatamento no leitor ao usar realmente a parábola da figueira no discurso escatológico (cap. 13). Ele deixa a linguagem concreta da figueira fazer o trabalho de reunir em um único símbolo realidades tão diversas como a destruição do Templo, o florescimento da Igreja como a nova casa de Deus *e* a vinda do Filho do Homem.

Exemplo muito bom desse modo de pensar concreto, mas multifacetado, na América Latina é a saga dos nauatles, a *Nican Mopohua*. Eis aí uma vibrante expressão da eficácia do cristianismo para preencher a religiosidade nativa do povo. Na imagem milagrosa de Nossa Senhora de Guadalupe na roupa do camponês índio Juan Diego, ela aparece rodeada pelo sol. Ela impede os raios ardentes de molestar o espectador, exatamente como impede o terrível culto de sangue do deus-sol asteca. Contudo, ela não destrói esse "verdadeiro Deus Téotl", mas proclama ser mãe dele. Ela aparece de pé sobre a Lua, exatamente como a Mãe Terra subjugou a Lua na mitologia asteca, depois que a Lua jurou abolir o Sol, de quem tinha ciúme, e trazer a escuridão eterna para a Terra. Os símbolos prosseguem sem parar, das cores azul e verde de seu manto (as cores do céu e da terra) às flores que ela criou no meio do inverno para demonstrar sua dedicação à saúde e à cura.

---

[12] MESTERS, *Flor sem defesa*; uma explicação da Bíblia a partir do povo. Petrópolis, Vozes, 1983. p. 35. O texto "torna-se símbolo ou espelho da realidade atual vivida [pelo povo] na sua comunidade" (ibid. p. 31).

[13] Veja a explicação perspicaz que B. B. SCOTT dá de Perrin e de outros intérpretes modernos do Reino e das parábolas, em *Jesus, Symbol-Maker for the Kingdom*. Philadelphia, Fortress, 1981. capítulo 1.

Devemos concluir, então, que o pensamento apocalíptico não segue os princípios da "lógica ocidental", que é "expressiva em vez de relativa, simbólica em vez de factual".[14] Sua linguagem é empregada para mover à ação ou consolar, em vez de descrever a realidade ontológica.[15] Portanto, as imagens empregadas não devem ser entendidas literalmente, como muitos estudiosos do Atlântico Norte erroneamente tentam fazer, ao imaginar que textos apocalípticos referem-se a alguma catástrofe física cósmica, quando eles se destinam a transmitir sentido de uma forma relativa. Eles indicam um futuro *terrestre* salvífico, pela projeção de um universo *celeste* completamente simbólico.[16] Nessa imagem da realidade de dois níveis, Deus garante que o que acontece no céu vai acontecer do mesmo jeito na etapa terrestre da vida. Os acontecimentos celestes "precedem ligeiramente [os acontecimentos terrenos] no tempo, levando-os a existir, por assim dizer", e em geral são chamados "o que há de vir".[17] Assim, com sua realidade celeste na glória já vislumbrada na transfiguração, Jesus certamente receberá essa glória de Deus, a fim de vir e reunir "seus eleitos, dos quatro ventos" (13,27). A verdadeira identidade de Jesus é que, por ser o celeste "Filho do Homem, tem poder de perdoar pecados *na terra*" (2,10).

Esse modo de pensar em símbolos explica um fenômeno em Marcos que confunde muitos intérpretes dos evangelhos. A riqueza e a criatividade de Marcos como autor só recentemente ficaram conhecidas, pois sua linguagem e estilo eram considerados "toscos" devido às freqüentes redundâncias, repetições, e falta de ordem lógica. Segundo o consenso geral, além de inexperiente para escrever, Marcos também não era muito inteligente. Contudo, a crítica literária recente mostrou que sua obra está repleta de simbolismo, não raro posto em prática em todo o evangelho com vibrantes repercussões da vida e morte de Jesus como um novo êxodo.[18]

---

[14] COLLINS, *Apocalyptic Imagination*, p. 17.
[15] Ibid., 283. Collins prossegue e diz que a linguagem apocalíptica é "*envolvente*", isto é, "envolve-nos com uma visão do mundo por causa das ações e atitudes que são impostas".
[16] Como John L. MCKENZIE ressalta: "A interpretação grosseiramente literal da metáfora mitopoética da escatologia obscurece a realidade dos atos divinos de salvação e julgamento". Aspects of OT Thought. In: R. E. BROWN; J. A. FITZMYER; R. E. MURPHY, orgs. *The New Jerome Biblical Commentary*. Englewood Cliffs (N.J.), Prentice Hall, 1990. p. 1313. Acrescento esta observação por experiência própria: Nenhum membro latino-americano de nenhum grupo de estudos bíblicos a quem perguntei a respeito do escurecimento do sol e da lua no capítulo 13 de Marcos jamais se referiu a um sentido literal que dizia respeito a acontecimentos futuros que os astrônomos poderiam registrar!
[17] J. L. MARTYN. *History and Theology in the Fourth Gospel*. 2. ed. Nashville, Abingdon, 1979. p. 136, citado na proveitosa conclusão sobre o Filho do Homem em John ASHTON. *Understanding the Fourth Gospel*. Oxford, Clarendon, 1991. pp. 368-373.
[18] Talvez a mais completa explicação dos símbolos no Evangelho de Marcos seja a obra de Juan MATEOS & Fernando CAMACHO. *Evangelio, figuras y símbolos*. 2. ed. Córdoba (Espanha), El Almendro, 1992.

Temas de batismo, tentação, o "homem forte", o Filho do Homem celeste, o justo sofredor do livro da Sabedoria e muitos mais permeiam o texto desde os capítulos iniciais até sua conclusão misteriosa em 16,8.

Como é que alguém tão obviamente destreinado nas sutilezas dos escritos helenísticos foi tão habilidoso para compor uma apresentação tão intensa de Jesus? Como é que Marcos convence o leitor a prosseguir na narrativa? Como muitos antigos (e muitos latino-americanos), Marcos *pensava* em símbolos. Ele processou a realidade e obteve uma profunda compreensão dela ao imaginar seu sentido simbolicamente. Assim, em vez de tomar o fato histórico do batismo de Jesus por João no Jordão e vê-lo como tema literário que também descreve seu sofrimento e morte, Marcos entendeu a Paixão como purificação, limpeza das limitações do amor humano. Foi como único sacrifício verdadeiramente puro que Deus quis para a salvação do mundo que Jesus foi submetido a tanto sofrimento e humilhação. Para Marcos, Jesus era também o "homem forte" que facilmente derrotou Satanás em seus muitos exorcismos. O "poder" do clero aristocrata não estava à altura do poder daquele que corajosamente suportou uma execução injusta para desmascarar para sempre a corrupção e a hipocrisia desse clero. Os processos do pensamento de Marcos eram simbólicos e essa é a chave para desvendar o mistério de como ele apresenta a confiante previsão que Jesus faz do futuro — *a mensagem urgente de Jesus para hoje*.

Orientação e experiência do tempo

Um de nossos maiores problemas ao lidar com os textos escatológicos do Novo Testamento é o jeito como nós do Atlântico Norte pensamos a respeito do tempo. Em recente apresentação conceptual da temporalidade na Bíblia, Bruce Malina afirma que grande parte do que para os biblistas contemporâneos refere-se ao futuro trata realmente do que se deve entender como definição do presente.[19] Ele afirma que os leitores modernos da Bíblia precisam entender a profunda diferença entre nosso conceito quantitativo moderno de tempo e a antiga percepção de tempo que era orientada para a experiência presente. Se não vermos a diferença, ficaremos presos para sempre a um ponto de vista que põe o cumprimento das palavras de

---

[19] MALINA (Christ and Time: Swiss or Mediterranean? *CBQ* 51, 1989. p. 9) diz: "As categorias da Bíblia supostamente voltadas para o futuro não são, na verdade, de modo algum voltadas para o futuro, mas voltadas para o presente".

Jesus em um futuro cada vez mais distante. De fato, para muitos de nós o futuro glorioso prometido no Novo Testamento foi esquecido.

O que se segue é uma reapresentação das idéias de Malina a respeito de tempo e cultura de uma forma menos técnica, à qual serão acrescentados novos discernimentos e exemplos de experiência pessoal. Antes de mais nada, examinemos o modo como nós, nas sociedades modernas, pensamos no tempo. Para nós, Malina ressalta, o tempo é como uma fita que se estende em linha reta do passado para o futuro. Ao longo do caminho, a vida da pessoa se desenrola em unidades iguais e mensuráveis: minutos, horas, dias, anos. Como tal concepção do tempo é muito útil para planejar e controlar a realidade, o resultado inevitável é a vida de muitos indivíduos do Atlântico Norte voltar-se para metas futuras. Isso, pensamos nós, é bom e talvez o principal trunfo para "obter resultados", para conseguirmos controlar e até obter um domínio mais firme da realidade material.

Uma declaração clássica dessa atitude é dada por Ayn Rand, filósofa "objetivista" norte-americana, em uma das muitas diatribes de Dagny Taggert, personagem de seu romance *Atlas Shrugged*:

> Não é apropriado para a vida de um homem ser um círculo [...] ou uma fileira de círculos caídos como zeros atrás dele — a vida do homem deve ser uma linha de movimento de um objetivo para outro mais distante, cada um deles levando ao seguinte e a uma única soma crescente, como uma viagem pelos trilhos de uma estrada de ferro, de estação a estação.[20]

Segundo esse modo de pensar, o presente deve ser dedicado a um meio de nos posicionar melhor em um futuro calculado, e o passado é irrecuperável. Conseqüentemente, tudo o que até este momento não contribuiu para o progresso é considerado perdido, exatamente como toda atividade presente não voltada para um objetivo é apenas "perda de tempo". Tudo bem. Somos de fato muito bem-sucedidos na produção de coisas "em tempo" e no acúmulo de uma enorme recompensa de bens materiais.

Entretanto, o fato é que grande parte do mundo de agora e a vasta maioria das pessoas que já viveram no planeta vivenciam o tempo de maneira bem diferente. Muitas sociedades de "dois terços do mundo" ainda hoje, e certamente os antigos circumediterrâneos que escreveram a Bíblia, eram e são temporalmente orientados para o presente e não para o futuro, como nós. Ao contrário dos modernos, os antigos não concebiam o tem-

---

[20] Ayn RAND. *Atlas Shrugged*. New York, Signet, 1957. pp. 569-570.

po como entidade abstrata, quantificável e fugaz, mas como a duração do *presente*. Eles consideravam o tempo um longo agora, com seu "futuro imediato unido ao presente, assim como a atividade anterior ainda repercute o presente".[21] Eles podiam, naturalmente, pensar em acontecimentos passados e futuros, mas só relacionados de algum modo à experiência presente, como a provação de sarar de uma perna quebrada, onde o passado ainda está claro na mente e uma volta futura às atividades normais está para acontecer, ou como a experiência de esperar um bebê, quando grande parte do que está para acontecer é vivenciado de certa maneira como presente de verdade.

Nessa cultura, as pessoas simplesmente não pensam no futuro de modo abstrato. Sua percepção do tempo não tem "nenhuma referência a possibilidade nem probabilidade futura, só ao que ia ser e deve ser porque já é".[22] De fato, para os judeus e cristãos do século I, o futuro imprevisível não era, de modo algum, uma questão de planejamento estratégico, mas domínio exclusivo de Deus, como Jesus afirma no discurso escatológico marcano: "Daquele dia e da hora, ninguém sabe [...], somente o Pai" (13,32).

Como exemplo desse fenômeno cultural de uma orientação presente para o tempo, gostaria de lhes contar a respeito da ordenação de meu amigo David. Embora David estudasse aqui em nosso seminário durante uns quatro anos e fosse ordenado para uma diocese dos EUA, seu bispo concordou bondosamente em ordená-lo para o sacerdócio em sua cidade natal no México. Perguntei a David se eu poderia participar das festividades e se ele arrumaria um lugar para eu ficar alguns dias. Ele disse que ficaria encantado e que acomodações não seriam problema. Uma semana e meia antes da ordenação, procurei entrar em contato com David para finalizar os detalhes de minha visita, já tendo obtido as passagens aéreas. Finalmente fui em seu encalço por meio de e-mail para um seu colega que estudava espanhol e morava com a família de David no México e, assim, estava em contato com ele. David enviou-me uma rápida nota por e-mail, dizendo: "Vou escrever-lhe na semana que vem. Estou em retiro até quarta-feira e então lhe mandarei um e-mail". A ordenação seria apenas dois dias depois dessa quarta-feira!

---

[21] MALINA, Christ and Time, p. 12.
[22] Ibid., p. 16. Assim, sua percepção da realidade consistia no "presente concreto com seus antecedentes concretos e suas conseqüências concretas futuras" (p. 14).

Tive de iniciar a viagem mais cedo, a fim de parar em Atlanta para outra ordenação no fim de semana anterior ao do México, por isso não pude esperar sua resposta. Telefonei à mãe de David para dizer que eu encontraria todos na catedral no dia da ordenação e combinei com outros amigos para me apanharem no aeroporto no México. Esses amigos são alemães e assim confirmaram tudo imediatamente e estavam lá no aeroporto para me pegar a tempo — naturalmente!

Quando chegamos à catedral, David estava na praça em frente sendo fotografado com o bispo. Esperei até terminarem e fui até ele, de valise na mão. Ele me deu calorosas boas-vindas e disse: "Vá com minha irmã à recepção depois da cerimônia". Eu não sabia a que irmã ele se referia, mas David afastou-se rapidamente, dizendo que estava atrasado para a ordenação. Consegui descobrir a irmã certa e fui com ela e a família à recepção. Na recepção, depois de um grande jantar e um maravilhoso entretenimento, eu estava imaginando o que seria de mim (e de minha valise guardada no vestíbulo) aquela noite. Por fim, David veio e me levou para outra mesa para conhecer a família à qual aparentemente ele acabara de pedir para me acomodar pelos próximos dias. Já passava das dez horas da noite!

Quando conheci a família, eu a achei encantadora. Na verdade estavam emocionados com minha presença em sua casa e tivemos uma esplêndida convivência por vários dias. Como vêem, não havia motivo para eu me preocupar. Celebrar a ordenação de David era o que eles estavam fazendo naquele fim de semana — todos os quinhentos convidados. É provável que houvesse umas vinte e cinco famílias que teriam prazer em me acolher naquela noite!

Tudo isso é para mostrar que as pessoas de algumas outras culturas não planejam todos os detalhes de uma futura visita, como fazemos. Acho que não *podem fazê-lo*, exatamente como Malina diz, porque *não pensam* concretamente a respeito do futuro meramente possível. Eles cuidarão de coisas assim *"mañana"*. Com relação a minha visita a David, ele não fez planos detalhados para minha estada porque estava completamente empenhado no que fazia no momento, o retiro para sua ordenação. Entretanto, quando cheguei realmente à catedral, ele facilmente cuidou daquela realidade concreta, pois aqui todos estavam concentrados *naquele* momento presente e em nada mais.

Então agora voltemos a nosso problema da percepção do tempo no Evangelho de Marcos. Em seu artigo, Malina diz que quando os cristãos mais primitivos vivenciaram a presença de Jesus ressuscitado, esses discípulos fervorosos sentiram uma espécie de euforia, pois parecia que todas as promessas de Jesus estavam prestes a se cumprir. Porém mais tarde, quando teve início a perseguição às Igrejas primitivas, o prometido Reino de Deus, a vinda de Jesus como Messias com poder e a mudança da sorte para o povo de Deus já não estavam mais ligados ao presente vivenciado de maneira óbvia. Na verdade, parecia que tudo estava perdido.

Para os cristãos primitivos orientados para o presente, essa mudança de perspectiva teve resultados sérios e negativos. Uma crença no que só era *possível* não os sustentava, porque em seu modo de pensar e em sua cultura a ação presente só podia se basear no que estava claramente *prestes a acontecer* em sua percepção da realidade. Como diz Malina: "seria temerário ao extremo tomar decisões para o mundo da experiência com base no imaginário e seu passado e/ou futuro".[23] Assim, por exemplo, era uma grande tentação para as comunidades cristãs primitivas da Palestina unir-se à rebelião judaica contra Roma, como uma solução aparentemente muito mais acessível para sua situação atual. Continuar a depositar confiança no poder agora imprevisível de Jesus para mudar a situação era impensável sem outra garantia. Vemos o resultado dessa crise em Mc 13, nas duras advertências para fugir da Judéia e não ouvir as promessas dos falsos messias.

Na linguagem técnica de Malina, o que Jesus prometeu foi transferido do tempo vivenciado por eles para um "tempo imaginário" ou o que prefiro chamar de "tempo da imaginação", já que a primeira designação pode subentender que esse tempo não se refere à realidade. O "tempo da imaginação" inclui *tudo quanto* seja considerado, mas fique *fora* do horizonte do mundo vivenciado, tanto quanto nós modernos podemos dizer que é o meramente possível. Para os antigos, o que não está orientado para a experiência presente não faz nenhuma diferença em suas vidas.

Marcos achou a solução para a crise da perseguição de sua Igreja primitiva e a destruição do Templo nas tradições apocalípticas atribuídas a

---

[23] Ibid., p. 16. Isso acontece porque "a orientação atual no mundo do tempo vivenciado está enraizada no desvalor vivenciado da satisfação adiada ou do comportamento da meta esperançosa para a sobrevivência atual" (p. 19).

Jesus. Eis como a apocalíptica atua: enquanto o tempo vivenciado só era normalmente confirmado pela experiência sensorial — ver, tocar ou ouvir (por exemplo, Mc 16,6: "Vede o lugar onde o puseram") —, os acontecimentos fora da experiência concreta só eram garantidos pelo testemunho de uma pessoa digna de crédito.[24] Por causa disso, a *realidade* prometida no tempo da imaginação podia ser proclamada e confirmada também por uma testemunha confiável que agisse no círculo divino como, por exemplo, o profeta veterotestamentário sabe o que Deus deseja para a história futura em Jr 31,31-34. Essa garantia divina é de fato a razão do discurso apocalíptico: a figura sobrenatural — no caso dos evangelhos e do livro do Apocalipse o próprio Jesus — garante o que vai acontecer porque faz parte do círculo celeste. O Jesus de Marcos diz: "O Reino de Deus está próximo" (1,15) porque percebe que os efeitos do Reino já estão em sua vida. Com respeito à futura chegada do fim da perseguição e da reunião final com ele na glória, o Jesus entronizado do livro do Apocalipse (e de Mc 13) garante-os porque já se realizaram no círculo celeste de realidade.

Entretanto, nunca é demais ressaltar que o tempo da imaginação ainda se orienta para o presente; quer dizer, é compreendido de modo a fazer diferença na atitude e no comportamento *presente*. Mesmo as expectativas vivenciadas pelo próprio Jesus não podiam ser projetadas em algum *ponto determinado* no futuro, como Jesus diz: "Daquele dia e da hora, ninguém sabe [...], somente o Pai" (13,32), pois o futuro absoluto é domínio exclusivo de Deus. Assim, a fim de terem sentido para o futuro da comunidade de Marcos, as promessas de Jesus tinham de fazer uma diferença real na maneira como a comunidade via a si mesma e agia *agora*.

Então, como os cristãos mais primitivos compreenderam a maravilhosa predição de Jesus quanto à solução salvífica de Deus para o sofrimento humano? A resposta está no ensinamento fundamental de Jesus a respeito do Reino de Deus. O Reino representa o plano definitivo de Deus que se realizará porque já é: "O Reino de Deus está próximo" (Mc 1,15). Os antigos não podiam desistir de sua orientação para a experiência presente e por isso tinham de confirmar a confiança nas palavras de Jesus quanto ao futuro por meio de atividade presente concreta.

O mecanismo real pelo qual os cristãos primitivos viviam na expectativa da última vinda de Cristo é um pouco difícil para nós, tipos do Atlântico

---

[24] Ibid., p. 16.

Norte entendermos. Como Malina salienta, os antropólogos descobriram que em sociedades não modernas os conceitos de tempo são determinados mais por inter-relações estruturais (sociais) e pelos procedimentos estabelecidos da agricultura e da criação de gado, que por alguma espécie de tempo autônomo de relógio como em nossas sociedades modernas. Tomamos como exemplo um estudo clássico do povo nuer da África, no qual o antropólogo E.E. Evans-Pritchard observou esse tipo de "tempo processivo" e explicou-o minuciosamente.[25] Em vez disso, decidimos exemplificar essa experiência de "tempo da imaginação" com uma descrição dos festejos de carnaval no Brasil, acontecimento inesquecível a que assisti em fevereiro de 1997. O carnaval (nome em português do Brasil para o inglês *Mardi Gras*) é realmente um tempo mitológico. Acontece no fim de semana que antecede a quarta-feira de cinzas e é um período de total abandono das preocupações mundanas e dos estilos de vida normais. Durante o ano todo os brasileiros preparam-se para ele, muitos costurando fantasias e ensaiando a nova música composta para o próximo carnaval. Essas canções estão bem conhecidas na ocasião da festa, pois alcançam as paradas de sucesso assim que são escritas. Entretanto, a verdadeira comemoração do carnaval só começa na sexta-feira antes da quarta-feira de cinzas, data estabelecida pela (divina autoridade da) Igreja todos os anos.

Para explicar como o carnaval é um tempo diferente na vida dos brasileiros comuns, vou contar-lhes minha experiência. O sábado é a noite dos grandes desfiles aos quais sempre assistimos pela televisão. Em São Paulo, eles têm lugar no Sambódromo, uma espécie de enorme hipódromo ou pista de corridas. Uma enorme avenida estende-se no meio, ladeada dos dois lados por arquibancadas para os mais de 100 mil espectadores que tiverem a sorte de conseguir ingressos para a noite. Chegamos por volta das nove e meia para ver cerca de quatro ou cinco mil dançarinos e músicos com fantasias maravilhosas desfilarem, todos sambando em sintonia com os ritmos contagiantes das melodias. Fiquei admirado com a capacidade de meus amigos de dançar sem parar enquanto eu tinha de me sentar e descansar a toda hora. Às quatro e meia da manhã a última escola passou e estávamos todos cansados e famintos. Perguntei a um amigo se podíamos ir tomar o café da manhã àquela hora. Ele apenas respondeu:

---

[25] E. E. EVANS-PRITCHARD. *The Nuer*; A description of the Modes of Livelihood and Political Institutions of a Nilotic. Oxford, Clarendon Press, 1940. Recomendo o capítulo inteiro que trata do "Tempo", leitura muito interessante.

"Estamos em São Paulo". Quando chegamos de volta ao mosteiro onde eu estava hospedado, eram quinze para as oito da manhã, quase hora da missa dominical. Vesti meu hábito religioso e fui para a igreja. No beijo da paz, quando saudei quem estava ao meu lado dizendo "A paz de Cristo" e me inclinei, caiu confete do meu cabelo!

Na Bíblia uma coisa com garantia divina de estar prestes a acontecer só acontecia realmente no tempo certo, quando somente Deus julgava que estava na "hora". Entretanto, a garantia divina podia dar início à mudança no estilo de vida exigida pelo porta-voz de Deus, por exemplo, a promessa de castigo faz com que os assírios se arrependam, no livro bíblico de Jonas. A escatologia apocalíptica neotestamentária é, então, mais bem entendida como o curso da história revelada que segue um caminho predefinido (por Deus), em uma espécie de tempo processivo. Quando o povo hebreu foi oprimido no passado pelos egípcios, os filisteus, os babilônios etc., todas as vezes Deus fez surgir um salvador do povo que o levou a voltar a confiar no poder eficiente de Deus. Por esse motivo, a visão apocalíptica faz muitas alusões ao registro bíblico das intervenções divinas passadas para provar uma espécie de procedimento no qual o futuro é assegurado pela lembrança do passado, onde a viagem de Deus começou. Dessa maneira, o vidente apocalíptico esclarece o futuro e leva o povo a compreender e acolher as novas intervenções divinas, os *kairoi* escatológicos de Deus.[26] O vidente apocalíptico relata as várias etapas até o presente vaticinadas por Deus, identifica o presente como parte do plano e então passa a anunciar as etapas finais que ainda estão por vir.

Carlos Mesters usa uma metáfora expressiva para explicar esse aspecto do modo de pensar apocalíptico.[27] Imagine uma longa viagem de ônibus por uma região do Brasil. Os passageiros precisam ser tranqüilizados para continuar a viagem pela noite escura com muitos desvios e estradas perigosas. O motorista do ônibus, que está familiarizado com a região, explica aos passageiros em detalhe a etapa já vencida da viagem. Ele lhes diz onde estão agora e lhes garante que estão no caminho certo, informando-os sobre os trechos da viagem que faltam para chegarem ao destino. Assim também, como veremos, no discurso escatológico o evangelista Marcos

---

[26] Xabier Susin (*Assim na terra como no céu*; brevilóquio sobre escatologia e criação. Petrópolis, Vozes, 1995), diz que os *kairoi* do Antigo Testamento demonstram o que ainda está por vir no futuro. Indicam e determinam a direção de acontecimentos futuros ainda maiores e agem como um canal para abrir o futuro a uma intervenção ainda maior do poder de Deus na relação de aliança. São "memória do futuro".
[27] Mesters, *Esperança de um povo que luta*, p. 32.

faz Jesus descrever o que já aconteceu para os cristãos primitivos a fim de tranqüilizá-los a respeito do futuro.

As imagens esperançosas da apocalíptica neotestamentária faziam parte de um mundo futuro de tempo de imaginação descrito pelos profetas e visionários apocalípticos cristãos primitivos que se baseavam no ensinamento de Jesus a respeito do Reino de Deus. Eles sabiam que esse mundo havia irrompido na experiência humana repetidas vezes no tempo de Jesus e que sua chegada definitiva estava garantida por suas palavras. O Reino está, assim, sempre acessível e o fim deste tempo do mundo só aguarda que Deus o faça acontecer. Em vez de temer a próxima etapa da história na linha do tempo escatológica e divina, os cristãos eram exortados a se preparar para esse tempo e até a colaborar para fazê-lo acontecer.

Em suma, então, os cristãos primitivos compreendiam o fim dos tempos como uma coisa continuamente no horizonte, uma coisa da qual podiam participar de um modo auspicioso, uma coisa da qual eles esperavam a completa revelação *a qualquer momento*, dependendo de quando Deus o desejasse. Na verdade, o Reino escatológico de Deus irrompia constantemente no meio deles na milagrosa propagação de Evangelho para terras estrangeiras, nas muitas curas e exorcismos da missão apostólica, na queda de todos os tiranos que oprimiam a Igreja primitiva. Deus o realizaria e o realizará completamente assim que o desejar.

Identidade humana

Isso nos traz a nosso terceiro ponto de diferença cultural, a identidade coletivista antiga *versus* nosso individualismo moderno. A inserção do indivíduo antigo na sociedade é fator sociológico tão diferente de nossa moderna independência psicológica que sem entendê-la não podemos avaliar a autoconsciência dos cristãos primitivos. Seu entendimento diferente dos ditames do ensinamento moral bíblico forma notável contraste com o da maioria de nós modernos. Entre todos os povos do Atlântico Norte, os norte-americanos em especial estão convencidos de que a Bíblia trata principalmente da qualidade de vida do indivíduo e de que o pecado define-se apenas como as ações pelas quais somos pessoalmente responsáveis. Achamos que nossa incrível prosperidade não tem nenhuma relação com a triste pobreza e ignorância de uma parte tão grande da população mundial. Talvez não haja na Bíblia nenhuma perspectiva que seja mais radicalmente diferente da imagem que temos de nós mesmos e de nossa relação com a sociedade.

Bruce Malina publicou uma excelente explicação da diferença entre o conceito individualista moderno do ser humano como uma "pessoa" e a noção que as sociedades mediterrâneas antigas tinham do ser humano como membro de um grupo.[28] Ele mostra que os antigos não consideravam de modo algum os seres humanos indivíduos e que, na verdade, os gregos nem mesmo tinham uma palavra para "pessoa". Todo o modo de pensar voltava-se para as pessoas como membros de um *grupo* e não para suas características ou limitações específicas. Assim, nunca havia dúvida quanto ao que era moralmente exigido de um indivíduo. Toda decisão pessoal era imposta pela posição do indivíduo na família, na aldeia ou no grupo maior e nunca acontecia de alguém ficar aflito por não saber que comportamento alternativo escolher. Todo pensamento voltava-se para as pessoas como membros do *grupo*, onde todas as respostas possíveis a uma situação eram divisíveis em duas: a pessoa ou desempenhava ou não desempenhava seu papel predeterminado na comunidade da qual ela fazia parte.[29]

Para mostrar a realidade dessa inserção social mais uma vez com um exemplo da América Latina, quero contar a história de meu amigo brasileiro Henrique. Quando o conheci em nosso mosteiro de Vinhedo, Henrique era um jovem estudante de odontologia. Tivemos várias conversas excelentes sobre religião, a Igreja e a mensagem de Jesus Cristo para hoje. Soube que Henrique gostava muito de nossos encontros quando, alguns dias antes da data marcada para eu ir embora, ele levou ao mosteiro uma lembrança para mim. Os brasileiros têm o admirável costume de presentear a quem eles visitam com uma pequena lembrança. Era uma toalha muito bonita, bordada a mão, com meu nome difícil escrito corretamente. Com o presente havia uma nota de profunda gratidão, em um português floreado, embora sempre tivéssemos conversado em inglês, que ele dominava bem. Abaixo de sua assinatura estavam as assinaturas de seu pai, sua mãe e sua irmã. A família toda considerou uma honra a atenção que dei ao jovem estudante. Não dá para imaginar um norte-americano de vinte e um anos nem ao menos deixar os pais e a irmã verem tal carta, quanto mais pedindo-lhes

---

[28] B. MALINA. Is There a Circum-Mediterranean Person? Looking for Stereotypes. *BTB* 22, 1992. pp. 66-87.
[29] B. MALINA & J. NEYREY. First-Century Personality; Dyadic, Not Individualistic. In: Jerome NEYREY, org. *The Social World of Luke-Acts*. Peabody (Mass.), Hendrickson, 1991. pp. 72-83.

para assiná-la. Contudo, o comportamento de Henrique e de sua família seria também a atitude natural de um circumediterrâneo antigo.

Uma boa descrição dessa percepção de si mesmo como parte da "personalidade coletivista" é o registro que Virgil Elizondo fez de sua peregrinação ao santuário de Nossa Senhora de Guadalupe no México, quando tinha seis anos de idade:

> Finalmente chegamos à basílica em procissão rítmica os milhares de outros que pareciam se mover como um único corpo coletivo. Quando passamos pelas portas enormes [...] foi como se entrássemos todos juntos no ventre comum das Américas [...]. Não conseguíamos parar; a multidão nos levava para a frente. Não éramos empurrados nem atropelados; todos apenas caminhávamos em profunda união mística uns com os outros. Estávamos no movimento rítmico do universo — na verdade, nesse momento estávamos em contato com a própria fonte da vida e do movimento.[30]

Um segundo conjunto de diferenças entre os EUA modernos e a personalidade circumediterrânea na apresentação de Malina está na percepção que temos da realidade externa e no controle que temos sobre nossa vida. Simplificando a linguagem da escola de antropologia de cultura da personalidade que Malina usa, podemos dizer que os antigos entendiam que as condições do mundo não eram provocadas por eles, mas sim o resultado de forças políticas, religiosas, econômicas e de afinidade — imagem essa bastante realista da realidade. Entretanto, o problema com muitos deles era que também acreditavam não estar em absoluto no controle de suas vidas. Sentiam-se impotentes para agir livremente e se consideravam totalmente controlados por energias externas tais como forças cósmicas, divindades, sorte e destino.

O que Jesus e o movimento cristão tentavam realizar, segundo esse esquema, era mudar essa situação desagradável para os fiéis. Com a ajuda de Deus, as pessoas exercem o domínio sobre sua vida, tornando-se membros da família cristã. Com o rito do batismo e seu compromisso de fazer a vontade de Deus, elas transferem sua identidade para um grupo com liberdade moral e espiritual que foram o resultado imediato da graça divina. Ao mesmo tempo, conservam o reconhecimento realista das deficiências do mundo exterior, que "problemas contínuos [da sociedade] indicam alguma coisa errada com o sistema ou com a situação".[31] O exemplo bíblico

---

[30] ELIZONDO, *Guadalupe*, p. x.
[31] MALINA, Is There a Circum-Mediterranean Person?, p. 78.

perfeito dessa liberdade recém-descoberta é o do Sl 131,2: "Como criança *desmamada* no colo de sua mãe [...] estão em mim meus desejos". Como foi desmamada, a criança pode tomar a iniciativa de beber ou não, mas o alimento da vida ainda tem de ser proporcionado pela liberalidade da mãe.[32] Quando expulsa o demônio com estas palavras: "Cala-te e sai dele" (Mc 1,25), Jesus restaura para o endemoninhado o poder de controlar sua vida.

Como é *diferente* a personalidade cultural dominante dos tempos modernos com seu forte individualismo no qual "o indivíduo crê estar no controle da vida *e* ser basicamente responsável pelo que acontece, para o bem ou para o mal".[33] Essa percepção de si mesmo tem dois resultados um tanto prejudiciais. Primeiro, o indivíduo volta-se para dentro de si mesmo e passa a crer em uma autonomia fantasiosa, não raro com resultados calamitosos:

> As culturas ocidentais, que oferecem um prêmio pela autoconfiança, pelo sucesso e pelo poder e controle sobre a vida, a natureza e os outros, concentram-se todas nesses fatores intrínsecos ao indivíduo como decisivos e necessários. Entretanto, o indivíduo é considerado responsável por tudo que ocorre, por isso objetivos frustrados significam falta de capacidade, e o fracasso provoca remorso, culpa, depressão e sentimentos de imperfeição.[34]

Veja quantos livros de auto-ajuda e de como alcançar sucesso enchem as prateleiras de nossas livrarias! Nas cerimônias de formatura os oradores dizem aos formandos: "Vocês podem ser tudo o que quiserem ser!" e, desse modo, os ajudam a iniciar uma vida de trágico desapontamento.

Segundo, essa configuração de responsabilidade determinada faz os individualistas desistirem do mundo além de seu alcance imediato, com a apologia determinista de que tudo exterior a si mesmo acontece por causa "da natureza ou do meio". O indivíduo volta-se para si mesmo como o projeto principal de uma vida humana e começa a pensar que nada pode ser feito para mudar as graves injustiças de nosso mundo. Perdemos a esperança de ajudar os explorados nos países em desenvolvimento porque, ao contrário de nós, eles não tomam conta de suas vidas.

Uma atitude mais bíblica, embora não impeça necessariamente nós modernos de nos preocuparmos com nossa salvação, nos ajuda a com-

---

[32] Conversa com o padre Mark Grüber, antropólogo cultural.
[33] MALINA, Is There a Circum-Mediterranean Person?, p. 83 (ênfase acrescentada).
[34] D. W. AUGSBURGER. *Pastoral Counseling across Cultures*. Philadelphia, Westminster, 1986. p. 99, conforme citado em MALINA, Is There a Circum-Mediterranean Person?, p. 83.

preender melhor a dinâmica comum da escatologia neotestamentária. Os cristãos antigos entendiam que recebemos a salvação como membros de um grupo de fiéis, pois somos definidos por eles e não por nossa individualidade. Entendiam que somos responsáveis por ajudar os menos afortunados — os pobres, os enfermos, os portadores de deficiência espiritual — a participar de uma vida de paz e justiça. Eles ouviram os relatos evangélicos da compaixão de Jesus, seu clamor contra a opressão das pessoas por forças fora do controle delas. Uma leitura apropriada do texto bíblico hoje mostra que também nós devemos nos preocupar com a vida de nossos irmãos e irmãs de toda parte, principalmente onde os fatores desumanos são desmedidos. É essa, para Marcos, a maior preocupação da Igreja, a nova família de Deus, que tem como tarefa principal difundir o Evangelho, isto é, a mensagem de justiça e liberdade que Jesus nos deixou.

Capítulo 5
A ESCATOLOGIA NO EVANGELHO DE MARCOS

A apocalíptica cristã difere de sua matriz judaica porque para os cristãos o Messias já veio e deu início a um novo período da história no qual as primícias da ressurreição já são desfrutadas. Assim, há uma presença palpável de Jesus em cada comunidade da Igreja sofredora, que consola e dá forças no tempo presente, embora aguardemos uma revelação mais completa do poder divino no futuro (impenetrável).

Meu método de apresentar a escatologia de Marcos será seguir o texto do evangelho em um exame versículo por versículo das passagens relevantes, lembrando-nos do novo entendimento da cultura do século I conforme a defini no capítulo anterior.

"Princípio do evangelho"

O primeiro texto que precisamos considerar é o primeiro versículo do evangelho: "Princípio do Evangelho de Jesus Cristo, Filho de Deus". A declaração introdutória tem a forma gramatical de um título, já que não há predicado na frase. Com isso, Marcos identifica sua narrativa do ministério de Jesus como o *princípio* da "Boa-Nova", o "Evangelho" no qual Jesus nos manda crer (cf. 1,15), para que participemos do Reino de Deus, antes mesmo que ele chegue plenamente. Do começo ao fim da narrativa de Marcos, a mensagem a respeito do Reino de Deus e seu ensinamento que Jesus nos transmite por seu exemplo apontam para um *futuro* no qual os seguidores de Jesus vão continuar o que ele começou e proclamar o Evangelho "a todas as nações" (13,10). Como vimos, no final abrupto de sua narrativa, o "jovem" de Marcos conclama todos os que queriam ser discípulos de Jesus a ir para sua própria "Galiléia", onde Jesus os precederá como seu pastor a caminho de fazer a vontade de Deus e perseverar "até o fim" (13,13).

Os exorcismos de Jesus

Logo depois do batismo de Jesus por João, Marcos revela o caráter apocalíptico do ministério de Jesus. Quando Jesus sobe da água do Jordão, os céus se rasgam exatamente como fazem na grande oração apocalíptica do livro de Isaías (cf. Is 63,19b-64,1). Ali, depois da destruição do primeiro Templo no século VI a.C., o profeta suplica que Deus apareça às nações com poder. Depois que a voz de Deus proclama a Filiação divina de Jesus em Mc 1,11, o Espírito Santo, como um vendaval, o impele para o deserto para ser tentado por Satanás em uma confrontação de quarenta dias, que lembra Moisés no deserto do Sinai e o profeta Elias no monte Horeb. Essas imagens são típicas dos escritos apocalípticos e ligam o ministério de Jesus ao registro das grandes obras de salvação que Deus realizou no passado. Elas transferem a passagem do deserto do domínio geográfico-histórico para o do simbolismo teológico. Foi no deserto que Moisés e Elias passaram por uma prova e onde receberam o chamado de Deus para liderarem a salvação do povo de Deus (cf. Ex 3,1-8; 1Rs 19,8-18). Ao voltar do deserto, Jesus apresentará uma nova aliança, uma aliança que ele ratificará com seu sangue.

No final de sua tentação ou prova pelo poder do mal no deserto, a presença de Jesus entre as feras e sua proteção pelos anjos continuam a imagem apocalíptica de seu chamado por Deus. Mostram que ele sairá totalmente vitorioso sobre os poderes sobrenaturais do mal durante todo o ministério e morte na cruz. Assim, Marcos inicia sua narrativa da chegada do Reino onde a realidade do mundo terrestre é explicada pelas ações de Jesus no nível sobrenatural da história da salvação. Aqui e em todos os relatos de exorcismo Jesus tem o poder supremo de Deus sobre o reino de Satanás, o símbolo celeste do reinado opressivo de Roma e da opressão de seus aristocráticos governantes-clientes na Palestina. O leitor do século I entende que Marcos revela que a vitória final sobre as forças do mal contrárias a Deus foi conseguida por Jesus, pois Marcos emprega as tradições a respeito dos exorcismos de Jesus para informar os leitores e ouvintes como a vitória foi completa.

O evangelista reforça as tradições do sucesso de Jesus sobre os demônios com as declarações concisas a respeito da fama de Jesus como exorcista (cf. 1,28.34.39; 3,11) e mostra que Jesus pode delegar a seus seguidores o poder sobre os demônios (cf. 3,14-15; 6,7.13). No primeiro dos exorcismos de Jesus (cf. 1,21-28), vemos que um endemoninhado foi pessoalmente invadido por uma força poderosa que o torna "impuro", isto é, incapaz de participar da vida social e religiosa da comunidade. O demônio astutamente tem medo do poder escatológico (*exousia*) de Jesus e procura afastá-lo com a tática surpreendente de revelar sua verdadeira identidade para obter poder sobre ele. O demônio está certo: Jesus é verdadeiramente "o Santo de Deus", o oposto de toda maldade e impureza do mundo diabólico, porque seu poder, sua autoridade (*exousia*), vem de Deus, o centro de toda santidade.[1] Jesus silencia facilmente o demônio e liberta o homem desse espírito impuro, que sai dele com uma convulsão violenta, mas impotente.

Os escribas de Jerusalém reconhecem que o poder de Jesus sobre os demônios é maior que o deles, por isso precisam atribuí-lo a algum ser pessoal mais poderoso. Como subordinados do regime opressivo do Templo, não o consideram verdadeiramente um poder de Deus, de cujo poder na terra eles alegam ser intermediários pelo sistema explorador de dízimos, impostos e espórtulas de sacrifícios. Conseqüentemente, eles o atribuem ao domínio pelo diabo "Beelzebu" (literalmente "senhor da casa = este mundo"): "É pelo príncipe dos demônios que ele expulsa os demônios" (3,22). Jesus retruca com um argumento irrefutável que não poderia ser Satanás que expulsava seus próprios subordinados e diz um provérbio que é exemplo perfeito de seu ministério escatológico: "Ninguém pode entrar na casa de um homem forte e roubar os seus pertences, se primeiro não amarrar o homem forte" (3,27). Dessa maneira, Jesus explica suas ações como roubo dos "bens" do chamado senhor deste mundo, isto é, a recuperação para Deus da liberdade dos filhos de Deus que foram escravizados pelo poder do mal.

A história do endemoninhado geraseno é altamente simbólica para Marcos (cf. 5,1-20). Jesus novamente confronta um espírito impuro, mas desta vez exige o controle sobre o demônio, forçando-o a revelar o verdadeiro nome. Quando o demônio responde: "Legião é o meu nome", Marcos identifica para nós a fonte do maior mal da terra, as forças de ocupação do Império Romano, que legitimam a religião exploradora do Templo e a usam em proveito próprio. A "Legião" tenta enganá-lo implorando clemência, mas Jesus excede-os em esperteza e os envia, porcos sujos que

---

[1] Veja a explicação prática que Joel MARCUS dá da qualidade escatológica do "poder" (*exousia*, como paralelo a "reino" [*basileia*] em Dn 7,14.27; Ap 12,10; 17,12) de Jesus e sua qualidade de "santo" em seu Anchor Bible Commentary *Mark 1-8*. New York, Doubleday, 2000. pp. 191-193.

são, para a destruição no caos do mar, para perecerem exatamente como os soldados do faraó no primeiro êxodo.[2]

Na narrativa da siro-fenícia (cf. 7,24-30), o poder libertador que Jesus tem sobre os demônios mostra-se eficaz mesmo para os de fora de Israel. O Jesus de Marcos não considera indigno aprender com a graça de Deus manifestada até em uma estrangeira cheia de fé. Se até agora ele não tinha pensado a respeito da entrada no Reino dos que não pertencem ao povo escolhido de Deus, agora ele toma conhecimento disso por intermédio da fé desta mulher corajosa e do amor que ela tem pela filha.

No relato do menino epilético, Marcos expõe a questão de como os seguidores de Jesus devem continuar o ministério de libertar de seus demônios os que estão escravizados. Ao lhe ser pedido para mostrar compaixão, Jesus responde que "tudo é possível àquele que crê!" (9,23). O pai do menino tem apenas uma fé fraca, mas isso não impede Jesus de livrar por completo o menino do demônio. Por que, então, os discípulos não puderam expulsá-lo? — eles lhe perguntam quando estão a sós. A resposta de Jesus é muito instrutiva para a comunidade de Marcos, pois em seu ministério eles devem expulsar demônios, exatamente como Jesus fazia. "Ele respondeu: 'Essa espécie não pode sair a não ser com oração'" (9,29). Como Jesus não fez uma oração neste exorcismo, ele deve querer dizer que o poder sobre o mal vem de uma vida devota e não da posse de algum poder mágico. O poder para os cristãos é sempre poder de Deus e nunca manipulação do divino. Marcos confirma esse ponto de vista no final do episódio, onde Jesus ensina que a tarefa da Igreja não é controlar o poder e a autoridade que ele tem sobre o mal, mas *acolher* quem expulsa "demônios em teu nome" (9,38), pois isso é sinal de sua fé devota nele e no poder de Deus. Ninguém que é eficiente para realizar milagres em nome de Jesus pode ser contra a memória de Jesus ou contra o que Deus deseja para a comunidade cristã. Mesmo quem só der a um fiel um copo d'água não perderá a recompensa (cf. 9,41).

O capítulo das parábolas (capítulo 4)

Jesus revelou em seu ensinamento que cada minuto do presente é um *kairós* escatológico, pois o Reino de Deus está "próximo" (1,15), presente em potencial para quem quer que deseje entrar nele fazendo a vontade de

---

[2] A interpretação simbólica desta passagem é muito natural para um biblista latino-americano como João WENZEL; veja *Pedagogia de Jesus segundo Marcos*. São Paulo, Loyola, 1997. pp. 71-72.

Deus. Marcos salienta repetidas vezes que a oportunidade para o arrependimento e a entrada no Reino é a pregação da "Palavra", que é o Evangelho (cf. 1,38; 3,14; 13,10; 14,9). O mistério do Reino (cf. 4,11) é o ato de entrar nele, isto é, de realmente viver conforme a vontade de Deus. Essa é a chave para entender o Reino: devemos conhecê-lo por dentro, participando dele. Em Dn 12 e nos escritos judaicos contemporâneos, "mistério" refere-se ao plano secreto de Deus para encerrar "este tempo" e inaugurar o novo tempo escatológico. Marcos usa a coletânea de parábolas aqui e no capítulo 4 para mostrar que o Reino é o plano escatológico de Deus para realizar a etapa seguinte de salvação para o mundo nos que seguem Jesus ao fazer a vontade de Deus.

O capítulo todo de parábolas é apocalíptico e sugere a batalha escatológica entre Deus e Satanás por causa dos produtos da "semente" conforme previsto na parábola que fala de amarrar o homem forte (Satanás).[3] A parábola do semeador (cf. 4,3-8) e sua explicação (cf. 4,14-20) mostram exatamente como essa luta acontece. O anúncio da Palavra semeia a semente de uma nova vida no Reino, mas são possíveis várias respostas a esse chamado de Deus. A semente semeada à beira do caminho é, na verdade, metáfora para todos os que ouvem a Palavra e se recusam a aceitá-la. O poder do mal, personificado por Satanás, é forte contra a reforma de um mundo injusto pelos que querem fazer a vontade de Deus. Como uma ave predatória, Satanás logo vem arrebatá-las para eliminar o crescimento desde o início do processo de conversão.

Nas duas imagens seguintes vemos como Satanás trabalha para arruinar o arrependimento e o compromisso com a nova vida dos que são receptivos à palavra de Deus. O solo pedregoso é a imagem do sofrimento na vida cristã, pois, como Jesus antecipa, todo cristão deve tomar a cruz e morrer para segui-lo. Jesus vai aperfeiçoar esse tema em seu outro grande discurso em Marcos, o discurso escatológico do capítulo 13, onde ele expõe a necessidade da tribulação na vida cristã. A terceira metáfora, a dos espinhos, a princípio não parece combinar com seu sentido de "cuidados do mundo, a sedução da riqueza e as ambições de outras coisas" (v. 19), pois achamos essas tentações muito atraentes. Entretanto, o resultado de sua atividade infame é bem parecido com o efeito de um crescimento excessivo de espinhos em uma plantação. Os espinhos sufocam a vida da

---

[3] Sharyn Dowd expressa esse argumento perspicaz em *Reading Mark*; A Literary and Theological Commentary on the Second Gospel. Macon (Ga.), Smyth & Helwyn, 2000. p. 49. (Reading the New Testament.)

plantação ao tirar-lhe a água e a luz solar e deixá-la sem alimento e nenhuma possibilidade de crescer. No extremo oposto da escala está o próspero crescimento da semente que cai em terra boa. Os que "escutam a Palavra, acolhem-na e dão fruto" (v. 20), produzem uma colheita fantástica, quatro vezes e até sete vezes a produção de catorze vezes da agricultura.

A palavra da semente que germina por si só (cf. 4,26-29) também é metáfora escatológica para o sucesso do Reino. Deus inicia a ação do Reino sem ajuda humana e causa seu crescimento de maneira completamente misteriosa para o mundo. Aqui é-nos, mais uma vez, apresentada a realidade celeste por trás do fracasso aparente de Jesus e seu Reino na terra. Só Deus conhece plenamente essa realidade e faz a colheita escatológica quando decide que "o fruto está no ponto" (v. 29), pois, como aprendemos mais adiante, "daquele dia e da hora, ninguém sabe [...] somente o Pai" (13,32).

Antes de voltar ao ministério de cura de Jesus, Marcos encerra o capítulo de parábolas com um incidente apocalíptico no mar da Galiléia. Esta é a primeira de duas travessias onde, ao recordar o mito primevo do rei guerreiro que combate o mar, Marcos simboliza o poder e a autoridade (*exousia*) ocultos de Jesus sobre a natureza e os elementos demoníacos que espreitam por trás de sua violência (cf. 4,35-41; 6,45-52). Na mitologia do antigo Oriente Próximo, o símbolo principal do caos é o mar. Jesus "conjura" o vento e silencia o mar com a mesma linguagem e as mesmas ações que usa para expulsar demônios (Jesus "conjura" demônios em 1,25; 3,12; 9,25). A maneira fácil como controla as forças perigosas da natureza e também o mundo demoníaco mostra que no domínio do sobrenatural, o domínio de Deus, Jesus tem poder total para salvar das forças do mal todos os que querem segui-lo para o Reino de Deus.

A escatologia na segunda parte do evangelho

Com exceção dos exorcismos espaçados de maneira uniforme nos capítulos 5, 7 e 9, é só mais adiante na segunda parte do evangelho que encontramos outro texto explicitamente escatológico. Isso era de se esperar, pois na primeira parte do evangelho Marcos trata principalmente da identidade de Jesus e da chegada do Reino em seu ministério. Entretanto na segunda parte, por causa das reações dos líderes religiosos e da resposta dos discípulos a seu ensinamento, Jesus chega a duas conclusões. Primeiro, ele agora entende perfeitamente que os líderes religiosos consideram serem ele e sua idéia do Reino de Deus uma ameaça ao controle que exercem sobre o povo judeu e à prosperidade extraordinária de que gozam graças a esse controle. Como a narrativa de Marcos revela repetidamente, Jesus percebe que eles procuram destruí-lo junto com a sua mensagem perigosa.

Segundo, Jesus volta-se para a preparação de seus discípulos para quando ele precisará deixá-los até voltar na glória. Marcos demonstra de maneira incisiva na narrativa que os discípulos muitas vezes não entendem (cf. 4,10.38; 5,32; 6,37.49-52; 7,17-18; 8,4) e até interpretam mal (cf. 1,37-38; 8,16-21) as palavras e ações de Jesus. Por causa disso, Jesus sabe que eles o seguem principalmente com a esperança de engrandecimento próprio em um novo regime político-religioso, do qual ele seria o líder, o poderoso e senhoril Messias da expectativa popular.[4] É aqui, na segunda parte da narrativa de Marcos, que Jesus tem de encarar o entendimento errado deles e falar francamente das dificuldades que eles terão no futuro se continuarem seu trabalho no Reino de Deus.[5] Jesus sabe que seu destino nas mãos da poderosa religião do Templo foi selado. Declara claramente em 8,31 que "deve sofrer muito, ser rejeitado pelos anciãos, pelos chefes dos sacerdotes e pelos escribas [e] ser morto" pela classe governante aristocrata e seus subordinados. Marcos salienta essa realidade pela repetição por parte de Jesus desse prognóstico de sua Paixão em 9,32 e 10,34 e, naturalmente, na narrativa de sua ação simbólica na última ceia, quando entrega seu corpo e sangue "que é derramado em favor de muitos" (14,24). Essa realidade tem graves conseqüências para os discípulos, que agora precisam entender todos os requisitos para sua entrada no Reino de Deus.

Jesus começa o novo ensinamento ao perguntar-lhes o que pensam verdadeiramente a respeito de sua identidade: "E vós […] quem dizeis que eu sou?" (8,29). A resposta de Pedro: "Tu és o Cristo" confirma a identificação errada que fazem deles como o messias *senhoril* e explica todas as suas outras interpretações errôneas do ministério de Jesus. Ele depressa os silencia e corrige radicalmente a idéia deles, "ensinando-lhes (*didaskein*) que, como Filho do Homem, ele deve sofrer e morrer antes de ressuscitar depois de três dias" (8,31). Sim, ele é o Filho do Homem, aquele Filho de

---

[4] José Maria GONZÁLEZ RUIZ chega a essa conclusão triste demais, porém verdadeira, em *Evangelio según Marcos*; introducción, traducción, comentario. Estella, Verbo Divino, 1988. p. 145.

[5] Mais uma vez, sou profundamente grato a Carlos BRAVO na seção seguinte a respeito de Mc 8,29-38. *Jesús, hombre en conflicto*, pp. 155-157.

Homem que Daniel profetizou que iria à presença gloriosa de Deus para trazer um governo verdadeiramente humano ao mundo todo, "um império eterno / que jamais passará, / [cujo] reino jamais terá fim" (Dn 7,14). Mas isso só acontecerá depois que for "retirado o poder" dos governantes bestiais do capítulo 7 de Daniel (cf. Dn 7,12). Agora com a aparência dos anciãos, dos chefes dos sacerdotes e dos escribas, eles perderão o domínio precisamente, Jesus prevê, no ato de tentar destruir tudo que Deus quer para ele e para todos os seres humanos. Quando eles pensarem que extinguiram a vida, a liberdade e a justiça (o Reino) com a execução de Jesus, Deus se oporá a essa injustiça ressuscitando Jesus para a vida nova depois de três dias. Só Deus tem o poder supremo sobre a vida e a morte!

A altercação de Pedro com Jesus que se segue mostra que Jesus estava certo: Pedro realmente *recrimina* Jesus por prever que deve sofrer e morrer. Os discípulos nunca imaginaram o papel que teriam na missão de Jesus quando ele os escolheu para que "ficassem com ele" (3,14) e quando os enviou para pregar o arrependimento e a nova atitude de partilhar que o Reino de Deus exige (cf. 6,7-13). Em vez disso, eles ainda compartilham à sua maneira o egoísmo da elite governante, pois gostariam de substituí-la na glória e no poder. Marcos documenta amplamente essa avaliação dos discípulos nas histórias que se seguem. Na transfiguração, o erro de Pedro foi tentar desfrutar a glória de Jesus, fazendo três tendas nas quais ficariam longe das necessidades do povo de Deus e da tarefa de anunciar o Evangelho (cf. 9,5).[6] Além disso, as perguntas dos discípulos sobre qual deles era o maior (cf. 9,33-34) e sobre um lugar na glória com Jesus (cf. 10,35-37) confirmam seu egocentrismo e a recusa da missão, mesmo depois de Jesus explicar seu ensinamento aqui em 8,34-38.

Para explicar as verdadeiras exigências do discipulado, Marcos faz Jesus chamar a multidão (e todos que quisessem ouvir suas palavras) para juntar-se aos discípulos a fim de ouvir um novo ensinamento a respeito dos requisitos do Reino. Pede-lhes que renunciem a si mesmos e juntem-se a ele em uma vida exclusivamente para Deus, sabendo que a vida, o poder de ser plenamente humano, é oferecida incondicionalmente e sem defesa por Deus para a liberdade humana. Ele agora sabe que para fazer isso o discípulo precisa estar disposto a partilhar seu destino: "Negue-se a si mesmo, tome a sua cruz e siga-me" (8,34).

---

[6] João Luiz CORREIA JÚNIOR. A pedagogia da missão. *EstBib* 64, 1999. p. 68.

Nos versículos seguintes, Jesus realça os dois modos (cf. 8,33) de pensar sobre a salvação.[7] Pensar nas "coisas humanas" significa preservar esta vida a todo custo, na crença que a morte é a aniquilação de tudo que a pessoa é. Inversamente, pensar nas coisas de Deus é confiar em Deus e fazer seu o ideal de Jesus, crer que a morte não significa o fim, mas pode ser o acontecimento culminante da evolução humana. Escolher o primeiro é escolher uma vida de escravidão, pois, então, os que podem prejudicar a saúde física sempre terão o poder controlador sobre a pessoa. Inversamente, escolher viver para os outros liberta a pessoa da preocupação egoísta a respeito da morte para se dedicar ao bem da vida humana, isto é, à vontade de Deus.

Nos versículos 35-37, Jesus explica que no *kairós* atual o único jeito de salvar a própria vida é arriscá-la por Jesus e por amor ao Reino que o Evangelho proclama. Aqui, "vida" (*psyche* em grego) significa muito mais que apenas estar vivo antes da morte. Para isso Marcos tem outra palavra (*bios*). Em grego *psyche* significa "vida" como o centro das atividades humanas da pessoa, de sentimentos e emoções, desejo e alegria. Jesus ensina que buscar o poder terreno acabará por, de fato, arruinar essa vida, encerrando o crescimento na fé e no amor que Deus planeja para cada um.

No versículo 38, Jesus adverte os discípulos (e nos adverte) que não escolher segui-lo agora, recusando-se a levar uma vida de amor generoso e universal pelos outros, não arriscar a identificação pública com a causa de Jesus, terá conseqüências terríveis provocadas pela própria pessoa. Os que se recusam a colaborar com o plano de Deus para o aperfeiçoamento de todos não serão reconhecíveis pelo Filho do Homem quando ele vier reunir os eleitos. Com efeito, eles terão reduzido sua evolução humana e frustrado seu potencial para a plenitude da existência humana, justamente as características que o Filho do Homem procurará quando vier.

Depois de partilhar um vislumbre de sua glória futura com o círculo íntimo dos discípulos, Pedro, Tiago e João, na transfiguração, e novamente predizer sua morte e ressurreição (cf. 9,31), Jesus prossegue e declara o que a verdadeira grandeza no Reino exige. É preciso ser tão fraco quanto uma criança e servo de todos que vêm em nome de Jesus (cf. 9,35-37). Em 9,42-48 ele declara claramente os severos resultados negativos do pecado

---

[7] Juan MATEOS & Fernando CAMACHO. *Marcos*; texto y comentario. Córdoba (Espanha), El Almendro, 1994. p. 169.

para todos que querem ser salvos, ser "atirado na geena", mencionado três vezes em oposição à entrada desejada na vida/no Reino.

As palavras de Jesus "entrar no Reino" e a frase paralela "entrar para a Vida" referem-se à vida atual do discípulo que faz a vontade de Deus. Em seguida ele explica que geena, o símbolo bíblico para o julgamento e o castigo escatológico, é a recompensa para os pecadores. Diz que é um lugar "onde 'o verme não morre e onde o fogo não se extingue'" (9,48), citando Is 66,24, onde os cadáveres dos que se rebelaram contra Deus serão empilhados fora de Jerusalém. O mesmo texto de Isaías prediz que novos céus aparecerão (cf. Is 66,22) quando Deus vier reunir as nações para verem a sua glória (cf. Is 66,18). Assim, aqui Jesus ressalta seu ensinamento de 8,35-38, lembrando a nós todos a visão escatológica do livro de Isaías, a fim de que a energia da revelação passada a Israel desperte uma firme resolução naqueles que Jesus quer formar para o Reino no presente.[8] Ele conclui que é melhor seus seguidores eliminarem radicalmente as causas de escândalo para os "pequeninos" (v. 42) agora, que serem atirados "na geena" e abandonados por Deus no fim dos tempos.

No capítulo seguinte, Marcos narra o encontro (analisado anteriormente no cap. 3) de Jesus com o homem rico, que lhe pergunta o que precisa fazer para herdar "a vida eterna" (10,17). A expressão "a vida eterna" aparece duas vezes nesta seção e apenas algumas vezes em outras partes dos evangelhos sinóticos. Como quem introduz a expressão é obviamente judeu, podemos supor que o indivíduo pergunta a respeito da vida após a morte e a ressurreição, pois é esse o sentido da expressão em outros escritos judaicos desse período.[9] Jesus começa a resposta com a ordem para guardar os dez mandamentos, o requisito característico do Antigo Testamento para a "vida", isto é, a capacidade de viver ativa e moralmente neste mundo. O homem sai com a recusa do desafio de Jesus para que desse tudo o que tinha aos pobres para ter um "tesouro no céu". Na explicação que se segue, Jesus salienta que a salvação divina é um processo contínuo que começa com a entrada no Reino, ação que exige arrependimento e crença no Evangelho, como Jesus proclamou (cf. 1,15). Esse reconhecimento da presença de Deus em nossa vida permite-nos fazer a vontade de Deus,

---

[8] Carlos Mesters. *Esperança de um povo que luta*; o Apocalipse de são João; uma chave de leitura. 13. ed. São Paulo, Paulus, 2004. p. 24.
[9] Exceto pelos paralelos desta seção de Marcos, a frase ocorre em Mt 25,46; Mc 10,30; Lc 10,25 e refere-se à vida de ressurreição após a morte na Septuaginta de Dn 12,2; 4Mc 15,3; cf. 2Mc 7,9, e em Qumrã em 1QS 4,7.

desistir de depender da riqueza e do poder pessoal e, assim, "entrar no Reino de Deus". Esse arrependimento é o modo de iniciar o caminho para a salvação eterna ou "vida eterna", coisa que alguém (desonestamente) rico não consegue fazer. Quando Pedro pergunta qual será a recompensa por terem deixado tudo para segui-lo, Jesus fala das recompensas concretas do Reino e promete "cem vezes mais desde agora, neste tempo [...] e, no mundo futuro, a vida eterna". Desse modo, Jesus corrige e amplifica a noção judaica comum de "vida eterna", mostrando que a salvação não é uma realidade totalmente futura.

Podemos concluir que nesta seção as expressões "vida eterna", "tesouro no céu", "ser salvo" e "no mundo futuro, a vida eterna" referem-se todas ao entendimento típico que o século I tinha do futuro escatológico que Deus reserva para o mundo e para todo indivíduo considerado digno dele. Entretanto, Jesus afirma que só se alcança esse objetivo com a entrada no Reino de Deus *nesta* vida, fazendo a vontade de Deus *agora*, atitude que o rico não queria tomar. Assim, diz ele: "Muitos dos primeiros" *agora* entre os ricos e poderosos deste mundo "serão últimos" no que diz respeito a um lugar no Reino de Deus (cf. 10,31). Felizmente o futuro deles depende da misericórdia de Deus e "para Deus tudo é possível" (10,27).

Depois de Jesus predizer sua morte e ressurreição pela terceira vez (cf. 10,33-34), os discípulos Tiago e João pedem-lhe posições de honra "na tua glória" (10,37). Na resposta, Jesus afirma que Deus preparou exatamente tal possibilidade, mas que "não cabe a mim concedê-lo, mas é para aqueles a quem está preparado" (10,40). Jesus, que já predisse sua ressurreição e sua volta como Filho do Homem na glória, aproveita a oportunidade para reafirmar seu ensinamento a respeito do sofrimento que eles devem antes suportar. A glória "está preparada" apenas para os que podem "beber o cálice que eu vou beber e ser batizados com o batismo com que serei batizado" (10,38).

A escatologia na terceira parte do evangelho

Em Mc 12, Jesus enfrenta todos os grupos da liderança religiosa de Jerusalém e os derrota completamente. É de interesse para nós aqui a altercação iniciada pelos saduceus quanto à questão da vida após a morte (cf. 12,23-27). Não sabemos muito a respeito deste grupo da elite governante, além de que aceitavam apenas os cinco primeiros livros da Bíblia, o Pentateuco, como Escritura Sagrada, e que rejeitavam com veemência a ressurreição, o que está atestado no Novo Testamento, no historiador antigo Flávio Josefo e em documentos rabínicos.[10]

Eles propõem a Jesus um enigma que, esperam, reduzirá a disparate a crença judaica comum na ressurreição no último dia. Escolhem uma passagem do centro do Pentateuco, a "lei do levirato" (Dt 25,5-10) e apresentam um dilema a respeito da mulher sem filhos da pergunta deles. É óbvio que só consideram qualquer vida depois da ressurreição mera continuação desta vida, a vida na qual têm todo poder e controle. Jesus ataca o próprio centro da presunção deles, quando cita o que talvez seja o mais famoso dito do Pentateuco de Deus e também a respeito de Deus, tirado de Ex 3,6: "Eu sou o Deus de Abraão, o Deus de Isaac, o Deus de Jacó". A resposta mordaz de Jesus é que eles não conhecem nem a Escritura nem o poder de Deus (cf. 12,24). Seu principal interesse na Escritura é como proteger sua vantagem social, neste caso a estabilidade política e econômica do sistema familiar patriarcal que os mantém no poder. Eles não percebem o verdadeiro sentido da Escritura em Ex 3,6, a saber, que os patriarcas estão vivos guardados por Deus.

O segundo argumento de Jesus é que eles não entendem o poder senhoril de Deus sobre a vida e a morte, se não crêem que Deus pode nos ressuscitar dos mortos. Para nosso estudo da escatologia marcana o importante aqui é Jesus argumentar que a ressurreição existe claramente para todos e que a vida da ressurreição pertence ao domínio divino, um estado de existência diferente, algo "como os anjos nos céus" que estão constantemente com Deus (cf. 12,25).

O texto evangélico seguinte que precisamos estudar em nossa pesquisa do ensinamento escatológico de Marcos é o grande discurso escatológico do capítulo 13. Faremos uma análise completa dele em nosso último capítulo, mas vamos primeiro examinar alguns outros textos do final do evangelho.

Jesus prediz: "Já não beberei do fruto da videira até aquele dia em que beberei o vinho novo no Reino de Deus" (14,25). Essa linguagem alude à expectativa do "banquete messiânico", elemento bastante comum na li-

---

[10] Para uma análise completa dos saduceus veja Anthony J. SALDARINI. *Pharisees, Scribes and Sadducees in Palestinian Society*. Grand Rapids (Mich.), Eerdmans, 1988. caps. 5 e 13 [Ed. bras.: *Fariseus, escribas e saduceus na sociedade palestinense*. São Paulo, Paulinas, 2005].

teratura judaica do século I, que promete que a vinda gloriosa do messias será acompanhada da partilha da comida e bebida em abundância da época messiânica.[11] Naturalmente, Jesus conhece essa tradição e a usa para afirmar sua crença inabalável nos tempos jubilosos que hão de vir no Reino. Ele assegura que será ele que o banquete messiânico (a eucaristia?) celebrará quando ele voltar depois de sua iminente morte e ressurreição. "Naquele [nesse] dia" é um jeito comum de se referir ao cumprimento pelo Deus de Israel das esperanças escatológicas, como em Zc 14,9: "Iahweh será rei sobre todo país; *naquele dia...*". É exatamente esse o triunfo supremo de que Jesus assegura os discípulos a respeito do Reino e da Realeza de Deus.

Em 14,28, Jesus diz: "Mas, depois que eu ressurgir, eu vos precederei na Galiléia" e o jovem misterioso anuncia às mulheres no túmulo vazio de Jesus em 16,7 que "ele vos precede na Galiléia. Lá o vereis, como vos tinha dito". Vimos anteriormente que essa imagem se refere à "Galiléia" dos discípulos, sua viagem para pregar o Evangelho e suportar o sofrimento e a rejeição que ela provoca. Mas Jesus promete "precedê-los" depois de ser crucificado, guiá-los como o pastor guia o rebanho, para que sua vida de fé em Deus e de partilha com o povo de Deus tenha direção clara.

No lugar "cujo nome é o Getsêmani" (14,32), onde ora em seu sofrimento e tristeza por sua morte iminente, Jesus descobre que seu círculo íntimo de discípulos — Pedro, Tiago e João — adormeceram em vez de vigiar (cf. 14,32-37). Ele diz a Pedro, o líder: "Vigiai e orai para que não entreis em tentação" (14,38). A palavra grega *peirasmos* significa: "teste, provação ou tentação", e os biblistas interpretam-na nesta passagem de muitas maneiras. Embora só seja usada aqui no Evangelho de Marcos, é provável que compartilhe parte do sentido escatológico da súplica do Pai-nosso em Mateus e Lucas: "E não nos deixes cair em tentação" (Mt 6,13; Lc 11,4). Em Marcos, a forma verbal da palavra, *peirazo* ("tentar, provar ou testar"), ocorre quatro vezes, uma vez quando Jesus é tentado no deserto por Satanás (cf. 1,13) e três vezes quando é testado em sua pregação pelos fariseus (cf. 8,11; 10,2; e 12,15 acompanhados dos herodianos). Não há nenhum equívoco aqui, pois, no universo simbólico de Marcos, a liderança religiosa e política (a dos fariseus e a dos herodianos) é mero ins-

---

[11] Por exemplo, nos Manuscritos do mar Morto: "Depois entrará o Messias de Israel [...] e se reunirem à mesa da comunidade para beber o *mosto*" (1QSa 2,14-17); "Iahweh dos Exércitos prepara para todos os povos, sobre esta montanha, [*nesse dia*, v. 9] / um banquete de carnes gordas, um banquete de vinhos finos" (Is 25,6).

trumento do poder de Satanás. Creio que Jesus diz a Pedro (e aos outros): "É melhor orardes para não serdes testados por Satanás nem pelos que fazem seu trabalho sujo, pois definitivamente não estais preparados para isso!". Em resposta, eles de fato não oraram, mas caíram no sono de novo e, quando veio o teste com a multidão brandindo as espadas e os porretes para prender Jesus, eles todos fugiram. Pedro tornou-se o famoso fiasco quando mais tarde negou três vezes até mesmo conhecê-lo.

O último texto que precisamos analisar é a resposta de Jesus à pergunta do Sumo Sacerdote: "És tu o Messias, o Filho do Deus Bendito?". Jesus diz: "Eu sou. E 'vereis o Filho do Homem sentado à direita do Poderoso e vindo com as nuvens do céu'" (14,61-62). Mas que ele é o glorioso Filho do Homem que será visto vindo entre nuvens é quase exatamente o que Jesus disse no clímax do discurso escatológico. Examinaremos esse texto agora, a fim de fazer um sumário e uma conclusão finais a respeito da mensagem no Evangelho de Marcos.

Capítulo 6
O DISCURSO ESCATOLÓGICO MARCANO
(CAPÍTULO 13)

Antes de encararmos o excelente discurso escatológico de Jesus, é bom nos lembrarmos da enorme imagem apresentada até este ponto do Evangelho de Marcos. A narrativa descreveu a "Boa-Nova" da salvação de Deus que começou com Jesus de Nazaré, o Evangelho pregado por Jesus e o Evangelho a respeito de Jesus, o Messias e Filho de Deus que ensina sobre o Reino de Deus. Esse Reino é uma comunidade humana onde todos são acolhidos e onde não cabe a injustiça. Foi inaugurado pela vida dedicada aos outros por Jesus, o Mestre que prediz que o Reino virá com poder quando ele ressuscitar depois de sua morte pelos outros. Na primeira parte da narrativa, Jesus é apresentado como mestre poderoso pela autoridade ou poder (*exousia*) de quem o Reino de Deus já chegou em seu ensinamento e em sua milagrosa restauração dos marginalizados a seu lugar apropriado na sociedade. Na seção do meio do evangelho (cf. 8,27-10,52), Jesus tenta ensinar aos seguidores como o Reino virá com poder nele e em sua morte iminente. O Reino se manifestará também neles, mas só se eles seguirem sua orientação e fizerem o que Deus quer, atitude que lhes trará sofrimento e também angústia.

Na última parte do evangelho (cf. 11,1-16,8), Jesus vive seu ensinamento ao confrontar o sistema religioso opressivo simbolizado pelo Templo e depois sendo entregue aos subordinados desse sistema, para a morte que ele previu. Porém antes da morte prematura ele dá aos discípulos instruções em um excelente discurso escatológico sobre como viver nos tempos difíceis que viriam. Depois de sua morte trágica no capítulo 15, um jovem misterioso (o próprio evangelista?) anuncia a algumas discípulas que Jesus ressuscitou dos mortos e "que ele vos precede na Galiléia". Isso significa que Jesus Ressuscitado mostrará o caminho para Deus no Reino, desde que eles repitam os passos da vida que ele devotou aos outros, começando em sua própria Galiléia, e dediquem a vida à pregação e ao testemunho do Evangelho.

O contexto do discurso

O discurso escatológico de Mc 13 está no final de uma unidade literária nos capítulos 11-12, onde Jesus rompe com todos os poderes opressivos da religião oficial. Ele subverte o desejo pelo Messias davídico tradicional com sua entrada profética em Jerusalém montado em um despretensioso jumentinho (cf. 11,1-11) e com a pergunta a respeito do Sl 110 (cf. 12,35-37). Por suas ações e reações ao comércio nele, Jesus nega a legitimidade do Templo (cf. 11,15-19; 12,41-44) e entra em confronto com o Sinédrio (os chefes dos sacerdotes, os escribas e os anciãos), os fariseus, os herodianos e os saduceus em um rompimento definitivo sem volta. Depois de se desviar das ciladas de todos esses grupos do poder, no capítulo 13 Jesus chama de lado os discípulos mais íntimos. Ele os ensina a lidar com a adversidade causada pelo ódio e a má compreensão dos outros quando ele estiver ausente no futuro, na destruição do Templo e depois em face de novos inimigos do Evangelho.

A ligação com os capítulos 11-12 é muito importante, porque a seção toda dos capítulos 11-13 forma uma unidade literária que se concentra no duplo tema da queda do domínio religioso centralizado no antigo Templo e do nascimento de uma nova comunidade de Deus que substitui o Templo. A nova comunidade romperá todos os laços de opressão e exclusivismo religioso para se tornar uma nova "casa de oração para todos os povos" (11,17) como resultado da proclamação cristã "a todas as nações" (13,10). Desse modo, ela colaborará com a obra salvífica de Deus na queda da opressão e na formação de uma nova e justa comunidade mundial, o Reino de Deus.

O gênero de Mc 13

O discurso escatológico (cf. 13,5-37) é uma longa exortação de Jesus que compartilha algumas das principais características da literatura apocalíptica judaica contemporânea. Ressalta que tudo que está para vir foi determinado por Deus e prediz a chegada da figura de um salvador e o destino dos justos, que precisam passar por muita aflição (as "desgraças escatológicas"). Entretanto, o discurso não esclarece nenhum dos outros elementos usuais, a saber, o julgamento apocalíptico e o destino dos maus, e é bastante ambíguo a respeito da chegada do fim. Em vez de ser uma descrição do mundo que há de vir, como a maioria dos apocalipses, o discurso todo é uma exortação pontilhada de imperativos que dão orientação aos discípulos para viverem a difícil vida *presente*.[1]

Assim, Marcos nos apresenta um gênero híbrido, uma parênese (exortação) apocalíptica que, por um lado, usa metáforas apocalípticas tradicionais (especialmente nas "desgraças" dos vv. 7-8, 14-17 e mais abertamente na visão da vinda do Filho do Homem nos vv. 24-27), em que Jesus garante a vitória final do Reino de Deus. Marcos usa o gênero apocalíptico para apresentar Jesus como o vidente celeste do passado (a saber, de 30 d.C., o ano em que ele morreu). Ele prediz os acontecimentos que envolvem a Guerra Judaica contra os romanos e a destruição do Templo (66-70 d.C.), acontecimentos contemporâneos à redação do evangelho. Depois de estabelecer essa credibilidade, ele prossegue e assegura a conseqüência salvífica da história, não importa quanto tempo leve e quanto sofrimento inclua. Por outro lado, a principal característica do discurso são suas muitas ordens, o que o confirma como parênese completa, exortação que dá instruções para o discipulado cristão durante todo o curso da história.

O discurso explica que as dificuldades atuais da comunidade de Marcos foram preordenadas por Deus pela técnica apocalíptica de releitura das Escrituras. As convincentes palavras dos profetas Daniel, Isaías, Jeremias, Ezequiel, Zacarias e Joel são reexaminadas por Jesus, que aplica a um novo contexto sua linguagem simbólica. Jesus não prediz uma futura destruição apocalíptica do mundo, mas revela o sentido da história como chamado urgente para seus seguidores pregarem o Evangelho sob a orientação do Espírito Santo. Ele os exorta a crerem em suas palavras e a terem esperança na luta por um mundo novo onde ele, como o glorioso Filho do Homem, reunirá todas as pessoas do mundo que vierem a crer (v. 27).

A estrutura de Mc 13

É provável que Marcos usasse material tradicional para compor este discurso escatológico, mas é notoriamente difícil identificar as fontes exatas empregadas em qualquer texto específico de Marcos. Quando tentam isolar as tradições primitivas que estavam à disposição de Marcos, os bi-

---

[1] Note como verbos no imperativo definem completamente o discurso e lhe dão uma força propulsora: "[prestai] atenção, ficai de sobreaviso" (vv. 5, 9), "não vos alarmeis" (v. 7), "não vos preocupeis" (v. 11), "fujam [eles]" (v. 14), "pedi" (v. 18), "não creiais" (v. 21), "aprendei" (v. 28), "sabei" (v. 29), "vigiai" (v. 33, cf. v. 37), "ficai atentos" (v. 23).

blistas são quase sempre incapazes de concordar entre si e não raro contradizem uns aos outros. Além disso, os críticos das fontes muitas vezes interpretam mal uma estratégia decisiva que Marcos empregou porque ele escrevia para um público *ouvinte* e não para o leitor individual. Quando o texto contém a repetição de uma palavra ou expressão na mesma sentença ou logo em seguida, Marcos não está atrapalhado com as fontes, mas sim dando ênfase ao que quer realçar e à maneira como quer *redefinir* uma idéia.[2] Por exemplo, o verbo "dizer ou falar" é empregado três vezes no versículo 11 porque o que e como os cristãos devem dizer quando forem perseguidos é muito importante. Idéias completas também são repetidas para defendê-las. Assim Jesus adverte duas vezes contra impostores (vv. 5-6 e 21-23), pois eles são ameaça bastante real para a comunidade. Ele nega três vezes a previsibilidade "daquele dia" (vv. 32, 33 e 35), aborda a destruição do Templo de Jerusalém três vezes (vv. 5-7, 14-19, 28-29) e também alude três vezes às tribulações futuras (vv. 7-9. 24-25 e 30).

Assim, quaisquer que fossem as fontes que ele usou, vemos que na forma final do texto, isto é, no texto evangélico que temos agora, Marcos elaborou um discurso fluente, cheio de arte e efeito. Nossa descrição de sua estrutura pode parecer um tanto complicada, mas o esboço no quadro a seguir deve deixar claro que, depois da introdução, Marcos compôs um discurso unificado com uma introdução e três partes relacionados. Na (dupla) introdução, Jesus rompe definitivamente com o Templo de Jerusalém ao predizer sua destruição total (vv. 1-2). Em seguida, a pergunta dos quatro mostra que eles não entendem o ponto principal, concentrando-se no tempo incompreensível de acontecimentos futuros (vv. 3-4) e provoca a extensa resposta de Jesus (vv. 5-37).

O discurso propriamente dito contém três seções, mas elas não descrevem três períodos cronológicos diferentes. Elas nos dão três imagens diferentes das mesmas realidades, com novas informações acrescentadas a cada uma delas. A leitura desta parte do evangelho deve ter causado na platéia antiga um efeito semelhante ao que a tripla apresentação visual da mesma cena de um filme causa em nós modernos. Por exemplo, na cena que se passa na loja de roupas em *Jackie Brown*, de Quentin Tarantino, a

---

[2] Esta técnica marcana é analisada por MATEOS & CAMACHO no excelente estudo *Evangelio, figuras y símbolos*. 2. ed. Córdoba (Espanha), El Almendro, 1992. O estilo repetitivo de Marcos é analisado de maneira mais completa por Paul DANOVE em The Rhetoric of the Characterization of Jesus as the Son of Man and Christ in Mark. *Biblica* 84, 2003. pp. 16-34, esp. 19-20.

platéia aprende alguma coisa a mais em cada apresentação nova da única interação. John Collins identifica esse tipo de "redundância" no livro de Daniel, onde a imagem da crise em Antioquia (em Dn 7) é também descrita por três revelações paralelas (caps. 8, 9, 10-12), que repetem os mesmos acontecimentos de maneiras um pouco diferentes. Ele continua e diz que a técnica tem "importância crucial", pois "os apocalipses não transmitem uma verdade 'literal' ou unívoca que pode ser expressa de uma única forma exclusiva".[3] Séan Kealy mostra como apresentações similares dos mesmos acontecimentos ocorrem em Ap 6 (os sete selos), 8-9 (as sete trombetas) e 16 (as sete taças). Cada uma descreve "a história toda da Igreja cristã que vai da perseguição para o julgamento e o triunfo final".[4]

Em Marcos, cada uma das três seções divide-se em duas partes menores. Cada subseção *a* começa com uma resposta à primeira parte da pergunta dos discípulos na introdução ao discurso (v. 4): "Quando será isso (a saber, a destruição do Templo)?". Cada seção passa então a responder (subseção *b*) ao segundo componente da pergunta dos discípulos no versículo 4, a realização de "todas essas coisas". Na resposta, Jesus descreve como será a vida na missão futura de seus fiéis seguidores e como *o poder divino a ajudará* (o Espírito Santo no v. 11, o Filho do Homem no v. 26, a volta do "homem que partiu de viagem" no v. 34). Cada uma das seis subseções resultantes (exceto a quarta, 2.b., um genuíno apocalipse) é introduzida por um imperativo e completada por um dito final (entre parênteses no quadro a seguir), que dá esperança em "minhas palavras", as palavras do Filho do Homem (v. 31). Apresentamos agora um esboço do capítulo 13 com os imperativos que iniciam e os aforismos que concluem cada seção:

Dupla introdução — destruição do Templo e pergunta "Quando?" (vv. 1-4)

1. a. Guerras e rumores de guerra (vv. 5-8: "[Prestai] atenção" — "Isso é o [...] dores do parto")
   b. Perseguição dos fiéis (vv. 9-13: "Ficai de sobreaviso" — "Aquele, porém, que perseverar")

---

[3] COLLINS. *The Apocalyptic Imagination*; An Introduction to Jewish Apocalyptic Literature. 2. ed. Grand Rapids, Eerdmans, 1998. pp. 107-108.
[4] KEALY. *The Apocalypse of John*. Collegeville (Minn.), Liturgical Press, 1990. p. 127; cf. 193. (Message of Biblical Spirituality 15.)

2. a. Cerco de Jerusalém (vv. 14-23: "fujam [eles]" — "Eu vos predisse tudo")
   b. Vinda do Filho do Homem (vv. 24-27: *omitido* — "Ele enviará [...] e reunirá")
3. a. O enigma da figueira (vv. 28-32: "Aprendei" — "Ninguém sabe [...] somente o Pai")
   b. Vigília para o *kairós* (vv. 33-37: "Vigiai" — "E o que vos digo, digo a todos")

Exegese versículo por versículo de Mc 13

A dupla introdução

Versículo 1. A introdução curiosa, mas tipicamente marcana de uma nova seção com *kai* ("e") liga a passagem do discurso ao confronto entre Jesus e os poderes do sistema religioso antigo nos capítulos 11-12. Esse confronto final começou e terminou no recinto do Templo. Agora Jesus sai do Templo para não mais voltar, sinal profético que completa seu ato profético anterior contra o Templo em 11,15-17.

Como vimos, em Marcos Jesus condena o Templo especificamente por suas práticas econômicas injustas. Suas ações em 11,15-17 foram contra os vendedores e cambistas, mas elas visavam mais alto, aos sistemas opressivos de impostos e de sacrifícios pagos. Isso fica claro em 12,38-40, em que ele denuncia os escribas por devorarem as casas das *viúvas* e, então, "sentado" em julgamento condenatório, ele observa o Tesouro do Templo no qual o sistema rouba uma *viúva* de tudo o que ela tem para viver (cf. 12,41-44).

Como de costume, os discípulos não entendem a crítica que Jesus faz ao Templo quando sai dele nem seu dito a respeito da viúva. Ao contrário, ficam admirados com o esplendor das construções do Templo com ironia marcana, tanto quanto Jesus se admira da injustiça cometida contra a viúva. Como é difícil negar a legitimidade de uma instituição que tem uma aparência tão espetacular e bela! Em mais uma ironia, um dos discípulos chama Jesus de "mestre", embora não entenda o *ensinamento* de Jesus a respeito do Templo, que perdeu a legitimidade como "casa de oração" porque dá mais valor à riqueza que ao bem-estar do povo de Deus, extorquindo dinheiro do pouco que os pobres possuíam para o culto "obrigatório" de seu Deus.

Versículo 2. A resposta de Jesus ao discípulo ("Vês?") lembra-nos o tema do cego, que compõe a segunda parte do evangelho ("Percebes alguma coisa?" 8,23; "Mestre! Que eu possa ver novamente!" 10,51). Ali Jesus tenta sem muito sucesso instruir os discípulos sobre como viver no Reino de Deus. Agora, neste último ensinamento, Jesus repete quatro vezes para realmente ver (vv. 5, 9, 23, 33).

Jesus reconhece a grandeza do Templo ao admitir que as construções são *grandes*, em resposta à exclamação do discípulo no versículo 1. Na verdade, não era necessário que uma casa de oração a Deus fosse tão grandiosa. Para Jesus, o Templo se transformara em uma casa de Mamon, lugar de exploração dos pobres. No plano de Deus o Templo devia revelar o Deus verdadeiro a toda a humanidade ("casa de oração para todos os povos"; 11,17), mas fracassou e sua grandeza tentava encobrir seu fracasso. Jesus anuncia sua destruição de maneira profética, exatamente como Miquéias predisse a demolição do primeiro Templo por sua injustiça gananciosa (cf. Mq 3,9-12). Jesus já o chamou de "covil de ladrões" em 11,17, citando o profeta Jeremias (cf. 7,11-14). Aqui em 13,2, Jesus desautoriza o Templo e todas as suas pretensões de ser o centro da salvação e prediz seu total desaparecimento.

Versículo 3. A verdadeira configuração do discurso começa no versículo 3, no qual Jesus sai da área do Templo e vai para o monte das Oliveiras. Muitos dos leitores de Marcos sabiam que, para o profeta veterotestamentário Ezequiel, o monte das Oliveiras é um lugar especial onde "a Glória de Iahweh [...] pousou" depois de sair do limiar do Templo (cf. Ez 10,18). Em Zc 14,2-4, Deus reunirá "todas as nações contra Jerusalém para o combate [...] [e descansará] sobre o monte das Oliveiras, que está *diante de Jerusalém*". Agora, Jesus senta diante do Templo, depois de ter anunciado a destruição total, exatamente como se sentou em frente ao Tesouro do Templo enquanto observava a exploração da viúva (cf. 12,41). Ele assume uma posição magistral na esfera simbolicamente divina de uma montanha, "sentado no monte das Oliveiras",[5] o que coloca a passagem do discurso dentro da visão dupla que Marcos tem da realidade celeste de Jesus

---

[5] Jesus é descrito "sentado" somente quatro vezes em Marcos. Aqui e em 4,1, senta-se para ensinar, mas em 12,36 e 14,62, senta-se "à direita [de Deus], [do poder]". A montanha é sempre lugar de autoridade ou encontro divino na Bíblia (como é antes em Mc 3,13; 6,46; 9,2.9).

refletida no relato histórico de seu ministério público, como já vimos na passagem da transfiguração (cf. 9,2-8).[6] Jesus condena o Templo *espiritualmente* por explorar os pobres exatamente como o monte das Oliveiras confronta-o fisicamente.[7]

A pergunta feita pelos quatro discípulos neste final do ministério de Jesus é "em particular", exatamente como Jesus dá aos discípulos instruções especiais "em particular" outras cinco vezes no evangelho. O que se segue é uma revelação (apocalíptica) secreta aos quatro, os mesmos primeiros discípulos que Jesus chamou para participar de seu ministério de proclamação. Logo eles terão de prosseguir sem sua presença terrena, como todos os seus seguidores futuros a quem se dirige o Evangelho de Marcos.

Versículo 4. Como os fariseus que também queriam "um sinal" (Mc 8,11-12), os discípulos ainda procuram a restauração da glória nacional. Sua dupla pergunta "Quando será isso e [quando] todas essas coisas estarão para acontecer?" faz eco à pergunta de Dn 12,6: "Até quando o tempo das coisas inauditas? [a respeito da guerra destruidora que seria o prelúdio da restauração completa do Templo em 165 a.C.] [...] no fim dos dias" (Dn 12,9-13; cf. 11,35, versão grega, doravante LXX). Como Daniel, eles têm esperança de que a desdita do Templo levará Deus a libertá-lo do poder da dominação estrangeira (cf. Dn 9,17-19) pela intervenção violenta dos que agirão "com firmeza" (Dn 11,32). Os discípulos pressupõem que a destruição de Jerusalém não será total, mas que Jesus, como messias e salvador, a interromperá e porá um fim à opressão romana. Dessa maneira, eles procuram anular a força do anúncio que Jesus faz da destruição total do Templo e do sistema que ele representa.

A repetição de "isso [...] essas coisas" no versículo não é redundante: o primeiro, "isso", refere-se a um antecedente imediato, a destruição do Templo, enquanto a segunda expressão, "todas essas coisas", é proléptica de todos os acontecimentos posteriores a 70 d.C. mencionados no discurso que se segue, versículos 5-37. Um uso semelhante de "isso [...] todas essas

---

[6] Lucas produz um efeito semelhante quando toma posse deste discurso de Marcos. Ele omite as palavras "É necessário que primeiro o Evangelho *seja proclamado a todas as nações*", de Mc 13,10, em seu discurso apocalíptico paralelo em Lc 21. Em vez disso, faz o Jesus glorificado dizer estas palavras depois de ressuscitar dos mortos: "Assim está escrito que [...] fosse proclamado o arrependimento para a remissão dos pecados [o Evangelho de Jesus para Lucas] *a todas as nações*" (Lc 24,46-47).

[7] Esse notável simbolismo é mencionado por Mateos & Camacho (*Evangelio, figuras y símbolos*, p. 197) e também por G. Cook & R. Foulkes (*Marcos*; comentario bíblico hispano-americano. Miami, Caribe, 1993. p. 339).

coisas" ocorre nos versículos 29-30 e abrange todos os acontecimentos mencionados até esse ponto, inclusive a vinda do Filho do Homem, no versículo 26.

Primeira parte do discurso

Guerras e rumores de guerra (vv. 5-8)

Versículo 5. Os discípulos perguntaram a respeito do fim do mundo, mas Jesus inicia a resposta com advertências sobre acontecimentos que ocorrem *neste* mundo (o do leitor). As muitas catástrofes e os muitos charlatões de tempos estressantes tentam a pessoa para que abandone tranqüilamente a fé tão-somente em Deus. As aspirações egoístas do iminente modo de pensar apocalíptico esperam que Deus intervenha de repente e remova da vida todo temor e sofrimento. Jesus chama isso de logro. Haverá muitos "sinais", mas não serão sinais do fim do mundo.

Versículo 6. Primeiro haverá muitos falsos mensageiros "messiânicos", como vimos os profetas afirmarem (cf. Jr 14,15; 23,25; Zc 13,2-3). Eles se identificarão dizendo: "Eu sou", a resposta que Jesus dará para afirmar sua identidade como o Messias para o Sumo Sacerdote perante o Sinédrio (cf. 14,62), quando mostrará sua ligação com a esfera divina da identificação de Deus por si mesmo como "EU SOU" em Ex 3,14. Os impostores afirmarão as falsas esperanças messiânicas de restauração do reino davídico (como os discípulos tentaram fazer em 10,37; 11,10 e 13,5), mas, Jesus salienta nos vv. 7-8, a vontade de Deus é o processo de libertação do mundo todo.

Versículo 7. Jesus continua e ressalta que depois dos falsos messias e da Guerra Judaica haverá uma agitação política maior ainda no mundo e muitas guerras futuras. Esses cataclismos também são necessários no plano divino ("é preciso que aconteçam [essas coisas]".[8] Portanto, "não vos alarmeis" com elas. Em todo o Novo Testamento, esse verbo é empregado em apenas dois outros textos: no paralelo mateano a este texto — "Cuidado para não vos alarmardes" (Mt 24,6) — e para advertir contra outra

---

[8] A forma verbal "é necessário" refere-se à vontade de Deus para a participação dos seres humanos no plano escatológico de Deus em todos os seus usos em Marcos: em 8,31 Jesus deve sofrer; em 9,11 João Batista tem de cumprir a profecia messiânica de Malaquias a respeito da volta de Elias; em 14,31, Pedro prediz ironicamente seu papel de sofredor na Igreja futura; e aqui no cap. 13, três vezes (vv. 7, 10 e negativamente no v. 14), é declarada a vontade de Deus para o desenrolar da história da salvação.

notícia falsa "como se o Dia do Senhor já estivesse próximo" (2Ts 2,2). As guerras são fatais. Elas ainda não são "o fim" que Deus tem em mente. Por que alguém deveria considerar essa violência negativa o ato escatológico culminante de Deus? O "fim" não será o fim dessa espécie de mundo, mas o início da comunidade definitiva e alegre da humanidade com Deus, onde sempre haverá júbilo e alegria e "o lobo e o cordeiro pastarão juntos" (Is 65,18.25).

Versículo 8. A pluralidade das nações e reinos em guerra refere-se à futura destruição do poder romano e de quaisquer outros poderes imperiais opressores que impeçam a realização do plano de Deus, exatamente como fazia o sistema repressivo e explorador do Templo. Por essa previsão de mais luta, o Jesus de Marcos separa a Guerra Judaica do cumprimento da promessa messiânica e, assim, destrói completamente as esperanças que os discípulos têm de uma anulação divina da inevitável destruição do Templo de Jerusalém. Aqui os "terremotos" não devem ser entendidos literalmente, pois são um símbolo veterotestamentário comum para a violência da invasão (por exemplo, Is 13,13; Jr 49,21; 51,29; Jl 2,10; Am 8,8), e a fome é o resultado brutal da guerra sempre que ela ocorre. Essas guerras são apenas o começo de um longo processo histórico, um tempo de tensão e sofrimento como "as dores do parto" que a mãe sente. Mas, como a dor do parto, trazem algo de bom, uma vida nova, um mundo novo onde os eleitos serão salvos pelo poder e pela glória do Filho do Homem (vv. 26-27).[9]

Perseguição dos fiéis (versículos 9-13)

Versículo 9. Os discípulos estão curiosos pelo futuro do Templo e o fim do mundo, mas agora é a hora de "Ficai de sobreaviso". A sociedade corrupta opõe-se à emancipação das pessoas e à idéia de uma vida humana plena para todos, contudo é esse o verdadeiro sentido do Evangelho que os discípulos de Jesus receberão ordens para proclamar no versículo 10. As estruturas de poder da sociedade reagirão violentamente a ele. A perseguição de cristãos inocentes é "testemunho perante eles [governadores e reis]", prova para Deus e para todos do propósito maligno dos opressores. Ninguém é enganado quando os poderosos prejudicam a liberdade dos que não são culpados de nenhum crime, a não ser do de defender a verdade.

---

[9] A mesma imagem das "dores do parto" do novo nascimento é empregada por são Paulo em Rm 8,22, em que os cristãos devem aguardar "a glória que deverá revelar-se" (Rm 8,18).

Todos percebem como essa injustiça estava errada não só na execução de Jesus e na situação dos cristãos da época de Marcos que foram afetados pela Guerra Judaica e pela perseguição por parte de Nero em Roma, mas também nos contínuos maus-tratos dos verdadeiros crentes em Jesus em toda a história. Eles também são "entregues" aos tribunais e sinagogas (as associações sociais e "religiosas" locais de hoje) e aos governadores e reis (as autoridades governamentais provincianas e nacionais de hoje) em um número grande demais de países contemporâneos. Mas o destino deles é o mesmo de João Batista (cf. 1,14) e de Jesus (cf. 9,31), que também foram "entregues". A repetição deste verbo mais adiante nos versículos 11 e 12 mostra como Marcos concentra-se no destino dos cristãos, que se assemelha e se deve ao dos antepassados na fé. Eles serão "odiados por todos por causa do meu nome", mas no fim receberão a salvação (v. 13).

Versículo 10. Antes do fim, antes de o Reino de Deus chegar plenamente com Jesus como o Filho do Homem, é necessário que "primeiro" o Evangelho seja proclamado a todos, do mesmo jeito que o homem forte deve "primeiro" (3,27) ser amarrado antes de sua casa (o domínio de Satanás) ser roubada. A necessidade ("é necessário") disso no plano de Deus está clara: se os cristãos recuam nos temores de sua missão antes que o Evangelho seja proclamado a todos, o processo do fim, a salvação do mundo, é interrompido e protelado.[10]

Versículo 11. Mas o discípulo não está sozinho na missão. "Não vos preocupeis". Pode-se ter confiança de que o mesmo Espírito Santo que desceu sobre Jesus no início de sua missão estará presente. Ele indicará ao discípulo o que "dizer", a fim de ser dado o testemunho apropriado (v. 9) que Deus quer para a missão universal cristã. "Naquela hora" essa assistência pelo Espírito não é nada menos que uma comunhão pessoal de Deus conosco, exatamente como Deus inspirou os profetas que sofreram ao denunciar a infidelidade do povo e Jesus que sofreu na "hora" de sua morte.[11] O preço de anunciar o Evangelho é alto, mas a fala do Espírito Santo por intermédio dos discípulos de Jesus é absolutamente necessária para convencer o mundo da liberdade e na liberdade. Entretanto, a recusa a crer no testemunho que os fiéis dão do Evangelho (v. 9) é blasfêmia contra

---

[10] Fritzleo LENTZEN-DEIS. *El Evangelio de San Marcos*; modelo de nueva evangelización. Santafé de Bogotá, Consejo Episcopal Latinoamericano, 1994, a respeito de Mc 13,10.
[11] Esta observação perspicaz é de MATEOS & CAMACHO, *Marcos*, p. 224.

o Espírito Santo, o único pecado imperdoável (cf. 3,29), pois é a recusa da salvação que Jesus oferece.[12]

Versículo 12. Os poderes opressivos há muito sabem como fazer os membros da família voltarem-se uns contra os outros. Irmãos e filhos recebem recompensas por usar informações íntimas para trair a liberdade de membros da família em muitos regimes totalitários de hoje. Para os cristãos, uma nova família, uma nova "casa" do Senhor ("cem vezes mais"; 10,30; cf. 13,34) começa na unidade de crença e sofrimento pelo Evangelho de Jesus Cristo.

Versículo 13. O medo e o ódio pelos outros que o fato de ser mal compreendido acarreta levarão o discípulo à plena maturidade, à salvação definitiva no "fim" da vida do discípulo ("o que perder a sua vida por causa de mim e do Evangelho, irá salvá-la"; 8,35), e, por causa da ressurreição no estado salvífico final do mundo, Marcos insiste repetidamente nos pronunciamentos ao final de cada subseção (vv. 8c, 13b, 23, 27, 31-32, 37) que Deus está no controle completo da história e que Jesus conhece perfeitamente o plano de Deus. Assim, toda vida humana e, em especial, a do povo de boa-fé que sofrerá e morrerá do começo ao fim da história do mundo tem propósito e será justificada no fim.

A constância diante de Deus e a solidariedade com a missão de Cristo são necessárias "até o fim", pois "o fim" é produzido por ela, pela proclamação do Evangelho. Na antiga experiência do tempo orientada para o presente, o futuro que está por vir é mantido à distância pelos que se recusam a difundir a vontade de Deus. Podemos até dizer com Juan Mateos que a resposta dos seres humanos à mensagem vivificante de Jesus apressa ou torna mais lenta a história.[13] Na verdade, embora o fim permaneça nas mãos de Deus, Deus o ligou à cooperação dos fiéis, pois "é necessário que primeiro o Evangelho seja proclamado a todas as nações" (v. 10).

Segunda parte do discurso

Esta segunda parte do discurso é como um diapositivo que cobre a primeira parte, mas em sua seção *a* (vv. 14-23) dá muito mais detalhes das

---

[12] G. GORGULHO & A. F. ANDERSON. *O Evangelho e a vida*; Marcos. 3. ed. São Paulo, Paulinas, 1980. p. 47.
[13] As palavras são de Juan MATEOS. *Marcos 13*; El grupo cristiano en la historia. Madrid, Cristiandad, 1987. p. 476 (Lectura del Nuevo Testamento 3.), mas COOK & FOULKES. *Marcos*, p. 352, e José Maria GONZÁLEZ RUIZ, *Evangelio según Marcos*: introducción, traducción, comentário. Estella (Espanha), Verbo Divino, 1988. p. 198, têm exatamente a mesma opinião.

lutas que levarão à destruição do Templo de Jerusalém. Acreditamos que a seção *b* (vv. 24-27) se refira à destruição do Templo e de todos os poderes opressores de uma época mais tardia (os mencionados primeiro nos vv. 9-13) pelo grande poder do Filho do Homem, o qual voltará repetidamente na glória. Como é típico dos textos apocalípticos judaicos, a visão do vidente celeste, neste caso Jesus, inclui previsões do que já aconteceu no tempo presente do leitor. Explicamos anteriormente, com a ajuda da analogia que Carlos Mesters faz da viagem de ônibus no Brasil, que a exatidão da descrição dos acontecimentos assegura aos passageiros/leitores a previsão de acontecimentos futuros.

O cerco de Jerusalém (versículos 14-23)

Versículo 14. "A abominação da desolação" significa uma coisa tão horrível que faz todos fugirem dela. É a expressão exata usada para o altar (ou estátua) sacrílego dedicado a Zeus Olímpico erguido no Templo de Jerusalém em 167-165 a.C. por Antíoco Epífanes IV e mencionado em 1Mc 1,54; Dn 9,27; 11,31; 12,11. Entretanto, o contexto geral do Templo é a única coisa clara a respeito do emprego que Marcos faz dela aqui. Duas coisas mostram que a referência é obscura. Os parênteses "que o leitor entenda" nos alerta para seu caráter enigmático como símbolo, mas Marcos não explica como o leitor deve entendê-la. Segundo, embora a palavra grega para "abominação" (*bdelygma*) seja do gênero gramatical neutro, o particípio que a modifica é gramaticalmente masculino, "instalado onde não devia estar". Evidentemente, a alusão é a uma pessoa.

Essa ambigüidade não nos surpreende, pois outro fator no pensamento não literal é o que John Collins chama "a multivalência essencial do simbolismo apocalíptico".[14] Com isso ele quer dizer que, embora a referência literal esteja clara (aqui ao ato desprezível de Antíoco), um símbolo apocalíptico evoca muitas realidades históricas ou sociais nos pensamentos do leitor/ouvinte. Os biblistas discutem acaloradamente a que acontecimento histórico essa alusão simbólica da tradição de Marcos se refere. Poderia lembrar o leitor de qualquer um dentre muitos acontecimentos do século I, como o horror causado pelo projeto de erguer uma estátua de Calígula no Templo de Jerusalém em 40 d.C. Outras sugestões são a chegada do exército romano na Palestina em 66 d.C., a ocupação do Templo pelo líder

---

[14] COLLINS, *Apocalyptic Imagination*, p. 51.

zelota Eleazar, filho de Simão, no inverno de 67-68 d.C., os "falsos messias" Menahem Ben Judah e Simão Ben Giora mais tarde em Jerusalém, a profanação (recente ou futura?) do Templo no fim da Guerra Judaica em 70 d.C., ou algum outro acontecimento ou indivíduo repugnante, como o "homem ímpio" mencionado em 2Ts 2,3.

Talvez aqui Marcos seja ambivalente de propósito e inclua todas as tragédias terríveis que sobrevieram ao grande Templo de Deus antes de sua destruição. Entretanto, se eu fosse forçado a escolher uma opinião, a chegada do exército romano na Palestina no início da Guerra Judaica (c. 66-67) parece se ajustar melhor à trama de Mc 13,14-18.[15] Nela, a "abominação" refere-se à figura humana do general romano Vespasiano, e "instalado onde não deveria" significa a instalação do exército invasor pelo comandante que logo seria divinizado como imperador romano. Obviamente, ele tencionava marchar sobre a capital de Jerusalém; por isso, fugir para a segurança das montanhas era realmente um bom conselho. A identificação absoluta da "abominação da desolação é talvez impossível para nós hoje, mas não é realmente necessária para nosso entendimento da escatologia marcana.

"Instalada onde não *devia* estar": Esta frase usa o mesmo verbo "é necessário" (*dei*) que vimos antes no versículo 7, mas agora no negativo. Como o que "é necessário" é a vontade de Deus, o que não é "necessário" contraria essa vontade. Assim, a abominação não virá de Deus, mas será uma calamidade humana de revolução por um povo que já não tolerava a opressão. Longe da vontade de Deus, a mortandade da Guerra Judaica foi a conseqüência histórica da injustiça da colaboração corrupta da aristocracia do Templo de Jerusalém com a opressão da ocupação romana.

Entretanto, Marcos deixa claro que não devemos pressupor falsamente aqui o otimismo de Daniel quanto ao Templo de Jerusalém. No livro de Daniel ("guarda em segredo estas palavras [...] até o tempo do Fim"; 12,4), a vitória é assegurada dentro de um tempo determinado conhecido de Deus, quando o sacrifício do Templo deve ser restaurado e quando o arcanjo Miguel destruirá os ímpios (cf. 12,1-11). Aqui em Marcos, porém, essa vitória está impedida, pois não há nenhuma indicação do término da "abominação" como em Dn 12,11. Além disso no versículo 2 Jesus predis-

---

[15] De fato, a sugestão de Calígula de 44 d.C. nunca se concretizou e por ocasião do cerco de Jerusalém em 70 d.C. teria sido impossível (e fatal) seguir a orientação de fuga do v. 15. O *circumvallatio* (cerco) romano da cidade era inevitável.

se a destruição *total* do Templo. Ele já mostrara a semelhança entre o Templo de Jerusalém e uma figueira cheia de folhas, mas que não dá frutos. Exatamente como sua maldição fizera a figueira secar, o Templo será destruído, pois não dá e não pode jamais dar vida (cf. Mc 11,13-14.20). Para encontrar a verdadeira vida, os discípulos de Jesus precisam abandoná-la e a seus defensores e, desse modo, não serem enganados (cf. 13,22).

A fuga e a tribulação neste e nos cinco versículos seguintes mostram que, apesar de ser completa a destruição de Jerusalém, "os eleitos" serão salvos, evidentemente para continuar a viver na história. *"Fujam para as montanhas"* — na Bíblia a fuga é o único recurso para escapar à destruição de uma cidade corrupta, por exemplo, em Sodoma: "Salva-te, pela tua vida! [...] *foge para a montanha*" (Gn 19,17). Aqui o imperativo "fujam" também lembra um texto semelhante de Jeremias no qual outra cidade má torna-se objeto da ira divina: "Fugi do meio da Babilônia / (e salve cada um a sua vida); não pereçais por seu crime, / porque é o tempo da vingança para Iahweh, / ele mesmo lhe dará a paga!" (Jr 51,6; cf. 51,45; Is 48,20). Assim, o imperativo de Jesus para fugir da Judéia também tem valor simbólico. Significa: "Abandonai tudo que a capital má representa: opressão, amor ao poder e a profunda falsidade do sistema religioso do Templo. Deus não preservará uma instituição religiosa tão corrupta". O conjunto todo está prestes a ruir em face do poder de Deus que rasga o véu do Templo na morte de Jesus em 15,38.[16]

Versículos 15-16. Em um discurso marcado pelo excesso de idéias com economia de palavras, Marcos amplia o terrível perigo de não reagir imediatamente à situação política quando o fanatismo religioso entra em cena, como aconteceu na revolta judaica contra o domínio romano nos anos 66 a 70 d.C., a época da composição do evangelho. Quem estiver descansando na brisa do terraço e também quem estiver no meio de um dia de trabalho no campo, não deve se demorar, mas sim fugir depressa, sempre que as pessoas tentarem usar a força terrena para realizar o plano de Deus. Todas as facções religiosas que ficaram em Jerusalém, que lutaram para defender sua concepção da vontade divina, foram esmagadas pelo exército imperial. O único poder verdadeiro que existe para promover o aperfeiçoamento deste mundo é a confiança total no poder de Deus, confiança que Jesus logo demonstrará na cruz.

---

[16] Essa interpretação de Cook & Foulkes, p. 345, mostra a facilidade com que os latino-americanos entendem a natureza simbólica das imagens na narrativa bíblica.

Versículos 17-18. Aqui Jesus mostra a compaixão divina pelos membros mais vulneráveis da sociedade, exemplificados pelas mães grávidas e amamentando. Parece que em rebeliões arrogantes são sempre os fracos que sofrem. As chuvas invernais inundam os *wadis* (leitos de riachos) geralmente secos da Palestina e por isso Jesus recomenda a oração para que essas condições não dificultem ainda mais a fuga necessária. Como na vida de Jesus, também nas aflições de seus seguidores, a oração a um Deus misericordioso deve ser a companhia constante.

Versículo 19. "Pois naqueles dias haverá uma tribulação tal, como não houve desde o princípio do mundo que Deus criou até agora e não haverá jamais". Este versículo alude claramente a um texto do livro de Daniel sobre a ocupação do Templo por Antíoco: "Esse dia de tribulação como jamais terá havido desde que [as nações começaram até esse tempo" (Dn 12,1, LXX). Neste versículo, o Jesus de Marcos sai do início da Guerra Judaica para mostrar a virulência dos acontecimentos mais tardios que levaram à destruição do próprio Templo em 70 d.C. Ele faz duas mudanças no texto de Daniel. Primeiro, a tribulação da Palestina naqueles dias será maior que qualquer coisa "desde o princípio do mundo" (não apenas "desde que as nações começaram"); isto é, o dito é ampliado para incluir toda a história humana passada, tudo que está na Bíblia, do Gênesis em diante.

Segundo, como no texto de Daniel, o Jesus de Marcos indica que não tinha havido tal tribulação até aquele tempo, mas então ele acrescenta: "*E não haverá jamais*" nada parecido de novo. Com essa radicalização de um texto de Daniel, Jesus informa que os acontecimentos de 70 d.C. são um ponto divisor na história humana. Toda esperança está agora perdida no Templo e seu sistema religioso, que está para ser destruído sem nenhuma esperança de ser poupado. O plano de Deus para a salvação precisa ser posto em prática por outros, pois Jesus predisse na parábola dos vinhateiros: "[O dono] virá e destruirá os vinhateiros e dará a vinha a *outros*" (Mc 12,9). Esses "outros" são os cristãos, que formarão a nova casa de oração e proclamarão o Evangelho a todas as nações.

Versículo 20. Deus diminuirá o sofrimento da purificação dos "eleitos que escolheu", literalmente "os eleitos que Deus elegeu". Este versículo é muitas vezes considerado uma consolação apocalíptica judaica pré-marcana por causa das "redundâncias semitas" no uso duplo de eleitos/elegeu e da repetição das palavras "abreviasse [abreviou] os dias". Mas não devemos subestimar a intenção de Marcos de enfatizar pela repetição. Jesus prediz que os cristãos da Palestina arrasada pela guerra não devem se desesperar. Deus realmente "abreviou os dias" de sua (e dos eleitos) tribulação, de modo que eles podem ser e "serão salvos".

"*Os eleitos* que Deus elegeu" já não são os que por direito hereditário" fazem parte da religião do Templo. São os que crêem em Jesus e dão "testemunho" e proclamam "a todas as nações" (vv. 9, 19). São os "eleitos", os quais, ele assegura, não serão enganados (v. 22), desde que fiquem "atentos" (v. 23) e que serão reunidos da missão de pregar às extremidades da terra e do céu (v. 27). Jesus expressa essa certeza para os eleitos no tempo passado ("ele [o Senhor] abreviou os dias), pois Deus já planejou a misericórdia nesta e em todas as provações do povo de Deus. Aqui, salientamos, temos um bom exemplo da certeza apocalíptica do futuro que aparentemente *não estava próximo* pelo vidente celeste de que falamos acima. Jesus garante que esse futuro está próximo porque já "existe" no plano de Deus.

Versículos 21-22. Falsos messias e falsos profetas apresentarão sinais e prodígios, mas Jesus, o verdadeiro Messias, não deu nenhum sinal (cf. 8,12). Em uma sobreposição do versículo 6 ("Muitos virão em meu nome"), aqui Marcos alude à tentação de seguir falsos porta-vozes de Deus. Eles aparecerão em cena com grande pompa e convicção, problema constante na história judaica passada (por exemplo, Dt 13,2-4), mas especialmente em Jerusalém na época da destruição do Templo (e em épocas de crise até nos nossos dias.[17]

Versículo 23. O Jesus de Marcos "predisse tudo (isto é, tudo que está acima)" com antecedência, como um chamado a seus fiéis seguidores. Com isso e com os aforismos que encerram todas as subseções do discurso (vv. 8, 13b, 23, 27, 31-32, 37), ele quer fortalecer neles uma confiança absoluta no controle da história por Deus qualquer que seja a oposição futura que o Evangelho venha a sofrer.

A vinda do Filho do Homem (versículos 24-27)

Versículos 24-25. Neste ponto do discurso, é anunciado um cataclismo cósmico, um momento decisivo "depois daquela tribulação" (v. 24), isto

---

[17] Pelo menos dois líderes revolucionários da Guerra Judaica são candidatos ao temor marcano de falsos Messias: Menachem bar Jehuda e Simão bar Giora (ambos mencionados em *Guerra Judaica* 2,17 e 22); entre os falsos messias modernos pensamos imediatamente em Jim Jones de Jonestown e David Koresh do movimento do Ramo Davídico.

é, depois da tribulação incomparável do cerco de Jerusalém pelo exército romano mencionado antes (v. 19). O sentido mais claro destes versículos é: Jesus diz aqui que depois da chegada do exército romano na Palestina em 66 d.C. (vv. 14-18) e depois do cerco de Jerusalém em 69-70, com seus falsos profetas e messias (vv. 19-22), a perturbação do sol, da lua e das estrelas sinalizará a destruição total do próprio Templo, exatamente como Jesus predisse anteriormente no versículo 2.

O Jesus de Marcos prediz a catástrofe agora nos versículos 24-25 nos termos cósmicos e supratemporais com que os leitores se familiarizaram nos textos escatológicos dos profetas. A razão é que para os poderes religiosos predominantes a intensidade da devastação do Templo será tamanha que só o simbolismo de um cataclismo cósmico consegue expressá-la. Nestes versículos, Jesus cita livremente a versão grega de Is 13,10 e 34,4, textos nos quais o julgamento divino das nações, "o Dia do Senhor", é exposto em sinais cósmicos veterotestamentários clássicos e conhecidos, na Septuaginta:

> Com efeito, as estrelas do céu e Órion e todo o firmamento celeste não darão luz. *O sol se escurecerá ao nascer e a lua não dará a sua claridade.* (Is 13,10, LXX)

> Todo o exército dos céus se desfaz; os céus se enrolam como um livro, e todas as estrelas caem como as folhas da videira e como caem as folhas de uma figueira. (Is 34,4, LXX).

São necessárias várias observações sobre o importante sentido destes versículos por causa de sua linguagem apocalíptica. Primeiro, nos textos proféticos e, principalmente, nos escritos apocalípticos judaicos, metáforas cósmicas especiais são usadas para indicar domínios transcendentes do bem e do mal fora do controle dos seres humanos. Nesses textos, o sol e a lua representam o poder dos falsos deuses do mundo pagão, e as estrelas são o foco de seu culto idólatra.[18] Quando o poder celeste desses deuses perde visibilidade, é prova de que os poderes terrenos que eles legitimam foram vencidos por Deus. Eles cairão um a um e serão completamente esmagados como, por exemplo, quando Deus diz ao profeta: "Eu abalarei o céu e a terra. Derrubarei o trono dos reinos" (Ag 2,21-22; cf. Am 5,20; 8,9; Ez 32,7; Jl 2,10).

---

[18] Os textos veterotestamentários a seguir são muito semelhantes na metáfora cósmica do sol e da lua: Is 24,19.21; Jr 4,23; Ez 32,7-8; Jl 2,10; 3,4; 4,15; Am 8,9 e estes textos apocalípticos judaicos mais tardios: 1Hen 80,4-7, 4Esd 7,39; cf. as obras cristãs *Apocalipse de Pedro* 5; Ap 8,12; 9,2. A ligação das estrelas com a idolatria pode ser vista em Dt 4,19; 17,3; Jr 8,2; Ez 8,16; 2Esd 5,4 e nos *Oráculos Sibilinos* 5,155-157; cf. Ap 6,13.

O Jesus de Marcos reutilizou deliberadamente os textos simbólicos veterotestamentários para descrever a destruição do Templo de Jerusalém como poder idólatra ilegítimo, em perfeita harmonia com sua demonstração profética de que ele já não é a "casa de oração" de Deus (cf. 11,17). Além disso, ao usar essa linguagem simbólica do "Dia do Senhor", ele anuncia que a aniquilação escatológica de todos os males começará com a destruição do Templo. Ele era o centro do poder do regime cujos líderes serão responsáveis pela morte de Jesus e que infligiram tanto sofrimento ao povo de Israel. Isso é prenunciado pela reação cósmica que "houve trevas sobre toda a terra" na crucifixão de Jesus em 15,33, a única outra menção de trevas em Marcos.

A imagem simbólica completa-se por ocasião da morte de Jesus (alguns versículos adiante em 15,38), quando se rasga o véu do Templo, a cortina que separava o santuário mais recôndito dos pátios externos. Esse ato de Deus anula o simbolismo do véu que separa de tudo que é profano o Templo, morada santa de Deus, e assim prediz sua destruição final por ele ser inútil no plano de Deus.

Segundo, aqui os exegetas não raro interpretam mal Marcos, pois pensam que esse julgamento escatológico indica o fim de nosso *continuum* de tempo e espaço em alguma catástrofe cósmica, mas não é essa a intenção de nosso evangelista. Somente uma interpretação excessivamente literal desses textos apocalípticos leva a essa conclusão. Se examinarmos a questão criticamente, vemos que nenhum dos textos paralelos no Antigo Testamento anuncia esse destino do mundo. De fato, em quase todos esses textos, a escatologia profética mostra que a vida continua depois de tal castigo de Deus. A vida, então, é, na verdade, melhor que antes, pois foi purificada do mal por Deus. Veja as conclusões dos textos proféticos que Jesus cita nos versículos 24-25:

> Com efeito, Iahweh mostrará compaixão para com Jacó; ele voltará a escolher Israel. Estabelecê-los-á em seu território [...] (Is 14,1).
>
> Alegrem-se o deserto e a terra seca, / rejubile-se a estepe e floresça. / [...] / Eles verão a glória de Iahweh, / o esplendor do nosso Deus (Is 35,1-2).[19]

Terceiro, outro erro comum é pensar que Marcos acredita que os acontecimentos de 70 d.C., a destruição de Jerusalém e seu Templo, indicam

---

[19] Veja também as conclusões dos outros textos que citamos: Is 25,3-4; Jr 5,18; Ez 36,8-11; Jl 3,5; Am 9,8-9.

um "Fim" iminente. A vinda final do Senhor não está temporalmente ligada ao destino do Templo, pois Jesus diz no versículo 10: "É necessário que primeiro o Evangelho seja proclamado a todas as nações", o que ainda não aconteceu nem mesmo até hoje! A ênfase no conflito sem paralelo no versículo 20 mostra que a destruição do Templo *foi* um ponto fundamental da história humana, mas isso é porque agora está aberto o caminho para o Reino de Deus florescer como a verdadeira casa de oração, o que Marcos vai indicar na última seção do discurso (vv. 28-37).

Quarto, como salientei em minha introdução ao simbolismo apocalíptico, a multivalência da linguagem apocalíptica tem a finalidade de se referir a uma variedade de acontecimentos. Assim, o cataclismo cósmico profetizado aqui nos versículos 24-25 *também* se refere aos versículos 7-8 da primeira seção do discurso, a inevitabilidade das guerras e insurreições *depois da* devastação de Jerusalém. Ali Jesus declara que "é preciso que aconteçam [muitas catástrofes], mas ainda não é o fim" (v. 7). Creio que Marcos empregou a linguagem fabulosa da apocalíptica nos versículos 24-25 para se referir à destruição do Templo. Entretanto, sua natureza poética adota essa destruição divina dos poderes do mal que oprimem a humanidade, em especial os que continuam a provocar o julgamento e a execução dos pregadores cristãos (vv. 9-13).[20] Como não são estabelecidos limites temporais a respeito dessas imagens de devastação, não podemos deixar de incluir a completa destruição dos regimes totalitários a partir da metade do século XX!

Finalmente, o Jesus de Marcos fala realmente do "fim" no versículo 7. Ele o subentende claramente no versículo 10 e o menciona outra vez no versículo 13. Este "fim" é o término da história do mundo como a conhecemos agora, de sua injustiça e desarmonia. Declarado de maneira positiva, o "fim" é a presença plena do Reino de Deus, a vinda *final* do Senhor, uma visão que se espalhou pela escatologia apocalíptica da Igreja primitiva. Muitos intérpretes modernos pensam que é a essa vinda *final*, o "fim", que Marcos se refere exclusivamente nos dois versículos seguintes, mas o evangelista tem em mente uma coisa muito mais positiva!

Versículo 26. Na conclusão do texto veterotestamentário que Jesus acabou de citar, o profeta Isaías profetizou que depois da queda dos po-

---

[20] Nas palavras de COLLINS: "os apocalipses [...] compartilham a natureza poética do mito e aludem simbolicamente a uma plenitude de sentido que não pode jamais ser reduzida à literalidade". *Apocalyptic Imagination*, p. 108.

deres opressores (da Assíria e de Edom), simbolizada pela depreciação de seus patrocinadores: "Eles verão a glória de Iahweh, / o esplendor do nosso Deus" (Is 35,2, citado anteriormente). Este é um dos muitos casos nos quais é profetizada uma grande teofania, um "Dia do Senhor", depois da destruição do mal. Mas aqui Marcos diz: *"E verão* 'o Filho do Homem vindo entre nuvens' com grande poder e glória". Mais tarde Jesus proclamará ao Sinédrio em seu julgamento: *"E vereis* o Filho do Homem sentado à direita do Poderoso e vindo com as nuvens do céu" (14,62). Assim, para Marcos, parte do plano escatológico é que Jesus virá como o Filho do Homem nesse "Dia do Senhor", na destruição do Templo, o baluarte do poder judiciário do Sinédrio, mas essa não será sua vinda final.

Façamos um momento de pausa e recordemos o que aprendemos a respeito de Jesus como "o Filho do Homem". O Filho do Homem é Jesus, que em Marcos atribui a si mesmo o título treze vezes. Embora o título incomum nunca provoque reação de um público que não entende, o leitor só agora, no discurso escatológico, tem a plena compreensão desse título enigmático, a explicação total do "segredo messiânico".

O conceito do Filho do Homem baseia-se na passagem da visão em Dn 7, *notou / vindo sobre as nuvens do céu,* um como Filho de Homem [= "um ser humano", no original aramaico]" a quem "foi outorgado o império, a honra e o reino" sobre "todos os povos, nações..." (Dn 7,13-14). Isso deve acontecer em um mundo renovado depois da remoção da quarta besta (= a nação opressora do monarca sírio Antíoco). No Evangelho de Marcos, Jesus apresenta-se sob a denominação de *"o* Filho do Homem" por causa de seus atos de *"poder"* e porque nele o *"Reino* de Deus" se aproximou. Aqui em 13,26, o Jesus de Marcos revela que será visto *"vindo* entre nuvens com grande *poder* e *glória"* pelos poderes abalados da opressão, exatamente como profetizado no livro de Daniel.

Jesus se apresenta como "o Filho de Homem" em Marcos em quatro contextos: durante seu ministério, na previsão de seu sofrimento e morte, prestes a se manifestar em sua ressurreição e em sua volta gloriosa depois. Ele definitivamente não pensa em nosso modo linear moderno, como se houvesse para a volta gloriosa de Jesus uma data estabelecida em algum calendário celeste. O evangelho descreve o poder e a glória do Filho do Homem já próximos durante todo o ministério de Jesus, porque essa é sua verdadeira identidade na esfera celeste da verdade divina.

A esta altura estamos prontos para analisar com mais profundidade o modo de pensar simbólico de nosso evangelista e de outros cristãos do século I. Já examinei a maneira antiga de imaginar um universo celeste onde já acontecem as realidades do futuro na terra. Como o céu é a esfera divina da realidade, as imagens e revelações que dele recebemos são um meio de entender "pensando as coisas de Deus" como corretivo a pensar as coisas "dos homens" (8,33). Isso significa que a *verdade real* é o que Deus quer, em oposição a aspirações meramente humanas e às convenções necessárias da sociedade antiga. Em vez de usar conceitos intelectuais abstratos para descrever a realidade metafísica (como nós modernos chamamos a realidade por trás das aparências), os antigos, que eram pensadores simbólicos, usavam figuras e atividades concretas tiradas da tela celeste da imaginação para revelar a realidade esperada por trás das aparências.

Esse modo de pensar está no pano de fundo quando Marcos apresenta a auto-revelação de Jesus aos discípulos na glória celeste da transfiguração (cf. 9,2-3). Também se destina a ficar perfeitamente claro ao Sumo Sacerdote e a todo o Sinédrio, quando Jesus prediz no julgamento que cumprirá a profecia de Daniel, quando "vereis o Filho do Homem sentado à direita do Poderoso e vindo com as nuvens do céu" (14,62). "Nuvens" são um símbolo freqüente no Antigo Testamento para a presença de Deus[21] e se encontram em Marcos apenas na Transfiguração (cf. 9,7), aqui, quando Jesus prediz sua volta gloriosa em 13,26, e em seu julgamento perante o Sinédrio (cf. 14,62). O *poder* com o qual o Filho do Homem virá é o *"poder"* divino (cf. "o poder de Deus" em 12,24 e o título de Deus como "Poderoso" em 14,62), e a verdadeira *"glória"* na Bíblia é sempre a de Deus. Jesus já falou aos discípulos que "aquele que nesta geração adúltera e pecadora se envergonhar de mim e de minhas palavras, também o Filho do Homem se envergonhará dele quando vier na glória do seu Pai" (8,38). Os membros do Sinédrio são candidatos perfeitos para essa profecia.

O fato é que Jesus aparece várias vezes na tribulação de seus "eleitos". Como os ouvintes de Marcos provavelmente sabiam, ele apareceu a Paulo para pôr um fim naquela terrível perseguição dos cristãos por parte dos zelotas (cf. At 9,1-5). Também devia ser bem conhecida sua aparição a Estêvão, quando ele fortaleceu o santo no martírio (At 7,56: "Eu vejo os céus abertos, e o Filho do Homem, de pé, à direita de Deus". Além disso,

---

[21] Um bom exemplo é a coluna de nuvem nos capítulos 13 e 14 do Êxodo, considerada a presença de Deus com o povo enquanto este caminha pelo deserto; veja também Ex 19,16; 40,38; Ez 38,9.16; Sl 68,34; 89,7; cf. At 1,9.

Paulo diz que ele "apareceu a mais de quinhentos irmãos de uma vez" (1Cor 15,6). Como Jesus disse aos fariseus (cf. 8,12) e aos discípulos (acima, nos vv. 21-22), o Filho do Homem não vem com sinais ou prodígios preliminares. Do mesmo modo que o Espírito Santo está presente em toda perseguição de cristãos (v. 11), Jesus se faz presente como o poderoso Filho do Homem (v. 26), na queda de qualquer força opressora que tenta frustrar o plano de Deus, para reunir os fiéis em comunidade. Os seres humanos jamais saberão quando isto acontecerá, mas já o viram repetidamente na história.

Versículo 27. Aqui a linha do tempo marcana é muito convincente: foi "depois daquela tribulação" (v. 24) (= o cerco de Jerusalém) que os portentos cósmicos dos versículos 24-25 assinalaram a destruição do Templo. Só "então", depois desse acontecimento, os governantes opressores verão o poder e a glória do Filho do Homem irromper em uma nova casa de oração para todas as nações, o sucesso da missão cristã. Será em uma ocasião mais tardia, "então", que ele "reunirá seus eleitos, dos quatro ventos", novamente em releitura de Is 34-35: "Porque assim ordenou a sua boca [de Iahweh], / o seu espírito os ajuntou" (34,16); "trazendo a recompensa divina / Deus / vem para salvar-vos" (35,4). A idéia de que Deus reunirá os eleitos que estão espalhados pela terra, "dos quatro ventos" (por exemplo, Zc 2,10), é bastante comum no Antigo Testamento e indica a reunião por Deus de quem está perto da divina presença amorosa e a restauração de sua justa herança de paz e harmonia. Aqui Jesus prediz que será ele, como o Filho do Homem, que virá com poder divino para cumprir a promessa veterotestamentária.

Com o aparente acréscimo redundante aqui no versículo 27: "Da extremidade da terra à extremidade do céu", Marcos começa a aguardar ansiosamente a vinda final do Filho do Homem, quando os "eleitos" de Jesus serão formados de pessoas de *todas* as nações do mundo. Ele imagina um grupo grande e multiforme, quando os discípulos terão posto em prática o compromisso para que "o Evangelho seja proclamado a todas as nações" (v. 10). Eles serão o povo "eleito" que sofreu muita tribulação (v. 20) por causa de sua constância e que nunca será enganado por falsos messias que apresentam os sinais e prodígios (v. 22) de poder religioso ou político impotente. Essa grande missão começará depois de sua ressurreição, quando o Reino de Deus que Jesus predisse chegará "com poder" (9,1). E, assim, eles serão reunidos para a vinda final do Filho do Homem, no "fim"

(13,7.13). Só depois do sucesso dessa missão ele constituirá a humanidade definitiva, a realização do plano eterno de Deus para homens e mulheres.

Terceira parte do discurso

Chegamos agora ao duplo segmento final do discurso, uma segunda camada na qual o material das duas primeiras partes é explicado de maneira mais extensa e definitiva. Esta terceira parte também responde à pergunta *dupla* dos discípulos quanto ao Templo e quanto ao futuro, quando "todas essas coisas estarão para acontecer" (v. 4). É aqui que Jesus mostra como, depois da destruição do Templo, o Filho do Homem volta repetidamente na vida dos seguidores perseguidos e a outros respeitos tentados até finalmente chegar o fim, a parusia, tão importante na Igreja primitiva.

O Jesus de Marcos diz tudo isso na terceira parte do discurso, paradoxalmente por meio de duas parábolas. Primeiro, ele descreve tudo que acontecerá "nesta geração" (seção *a*; v. 30). Então (seção *b*; v. 32), ele descreve a volta do Senhor repetidas vezes na vida da Igreja, até sua vinda final naquele dia.

O enigma da figueira (versículos 28-32)

Versículos 28-30. Em vez do sinal que os discípulos pediram no versículo 4, Jesus lhes dá uma parábola/enigma no versículo 28 a respeito de uma figueira que se torna verdejante e frondosa. O problema é descobrir o que significa o enigma. Como um artista cuidadoso que aplica camada sobre camada de tinta para dar o efeito final em um quadro, o Jesus de Marcos desenvolve a explicação da parábola neste e nos dois versículos seguintes.

"Aprendei, pois, a parábola da figueira" (v. 28a). A outra única menção de uma figueira no Evangelho de Marcos é a figueira frondosa e verdejante que ele amaldiçoa e fez secar (cf. 11,13-14.20-21), em uma passagem intercalada pela condenação do Templo por Jesus (cf. 11,15-19). Os biblistas há muito entendem que Marcos justapôs as duas passagens a fim de mostrar de modo simbólico o julgamento de Jesus quanto à indignidade do Templo. Por causa disso, a imagem de uma figueira em 13,28 lembra o leitor primeiro do Templo, que Jesus condenou com tanta veemência na introdução (v. 2) deste discurso.

No versículo seguinte (v. 29), Marcos reforça a alusão da figueira ao Templo, ao repetir as palavras: "Quando virdes [essa coisas acontecerem]" que Jesus empregou no versículo 14 para se referir à profanação do Templo no livro de Daniel: "Quando virdes a abominação da desolação". Essa repetição de "quando virdes" harmoniza-se certamente com o emprego do mesmo verbo no versículo 26: "E [os poderes opressores] *verão* o Filho do Homem". Além do mais, aqui a frase *"essa coisas* acontecerem" repete a expressão "isso [= essas coisas]" na primeira parte da pergunta dos discípulos no versículo 4, que como vimos também se refere à destruição do Templo. Com toda essa atenção no Templo neste discurso, os leitores antigos não podiam deixar de dizer "Logo vi! É o Templo" quando ouviram Jesus dizer "Aprendei, pois, a parábola da figueira".

Em um nível mais profundo de simbolismo, Marcos sabe que a imagem de uma figueira é usada na passagem escatológica de Is 34,4 (LXX): "As estrelas fenecem como fenecem as folhas da videira, como fenecem as folhas da figueira". Mas essa é uma continuação do próprio texto que Jesus acabou de citar no versículo 25 para apresentar em termos cósmicos a destruição do Templo (veja anteriormente). No Antigo Testamento a aniquilação do poder político opressor é muitas vezes simbolizado pela ruptura dos poderes celestes do sol, da lua e das estrelas. No versículo 29 Jesus diz que a visão dessas coisas acontecendo indica que *ele* (não mencionado) "está próximo, às portas". O ele sem nome refere-se com certeza à vinda do Filho do Homem descrita nos versículos 26-27. Assim, com o simbolismo polivalente da figueira, Marcos permite à sua comunidade (e a nós) ver a destruição do Templo em sua perspectiva escatológica apropriada. Como Jesus prediz, é um exemplo importante da destruição do poder opressor depois que o glorioso Filho do Homem aparecer, mas ele "está próximo, às portas", e se mantém pronto para reunir e curar seus seguidores na queda de outros poderes opressores.

Porém há muito mais no símbolo da figueira. Além da cuidadosa alusão de Marcos aos acontecimentos mencionados antes no discurso, este autor engenhoso prevê sua parte final: "Quando o seu ramo se torna tenro e as suas folhas começam a brotar, sabeis que o verão está próximo" (v. 28b). Os comentaristas bíblicos não raro acham que o *verdor* da figueira, uma das poucas árvores que mudavam de folhas anualmente na antiga Palestina, se refere ao início repentino do verão e por isso significa a rapidez com a qual têm lugar os acontecimentos ecológicos. De fato, a chegada repentina do Senhor é salientada no fim do discurso pela parábola da volta repentina do senhor da casa nos versículos 33-36. Entretanto, mais imediatamente, o verdor da figueira sugere a reversão do *definhamento* da figueira no capítulo 11, o símbolo da morte fulminante do Templo.

A imagem indica o *reflorescimento* dos eleitos de Deus em um verão de novo crescimento. Agora a figueira não simboliza o poderoso Templo de Jerusalém, mas uma nova "casa" de Deus, com um impacto que não se originará de seu grande tamanho e edifícios pomposos. Os biblistas concordam que Marcos considera a comunidade de discípulos de Jesus a nova casa de Deus, que substituirá o Templo como "casa de oração para todos os povos" (11,17), e sua pedra fundamental será o próprio Jesus Cristo (cf. 12,10).[22] Jesus descreve essa casa na parte final do discurso. O florescimento dessa casa de Deus sempre ocorrerá depois das tribulações dos fiéis cristãos, o que Jesus prediz na primeira parte deste discurso, junto com a devastação da guerra que ele chama de "dores do parto", sinais seguros de esperança e vida nova. Ele sempre estará "próximo, às portas" (v. 29)

No versículo 30, Jesus afirma que "esta geração não passará até que *tudo* isso [= *todas* essas coisas]" aconteça. Nessa declaração Jesus inclui tudo de que ele falou no discurso, a saber, que nesta "geração [a de Marcos]" o Filho do Homem estará presente em toda trapaça e tribulação ligada ao cerco do Templo, o que inclui a perseguição e os sofrimentos dos cristãos mencionados nos versículos 9-13 e 14-20 e a própria destruição do Templo, com a revolução cósmica dos versículos 24-25. Finalmente, "*tudo isso*" refere-se às guerras que devem vir com a devastação dos poderes pagãos (vv. 7-8), a vinda do Filho do Homem (vv. 26-27) *e* o florescimento da nova comunidade cristã, a nova "casa" do Senhor. Já que Marcos liga todos esses acontecimentos pela repetição do verbo "ver", entendemos que a destruição do Templo, na verdade um acontecimento que ocorreu antes "que esta geração" passasse (v. 30), é exemplo da derrota do poder opressivo no qual o glorioso Filho do Homem apareceu. Mas haverá muitos outros!

---

[22] Veja a excelente análise da comunidade cristã como uma nova "casa" de oração que substitui o Templo em Sharyn Dowd. *Prayer, Power, and the Problem of Suffering*; Mark 11,22-25 in the Context of Markan Theology. Atlanta, Scholars Press, 1988. pp. 52-55. (SBLDS 105.) Susan R. Garret, em *The Temptations of Jesus in Mark's Gospel*. Grand Rapids, Eerdmans, 1998, pp. 119-124 e 163-169, cita Dowd e amplia sua explicação para incluir o tipo de oração necessária no novo Templo de Deus. Veja uma explicação concisa e clássica desta teologia em R. E. Brown. *The Death of the Messiah*. New York, Doubleday, 1994. v. 1. p. 453 (ABRL) [no prelo por Paulinas Editora]; também em D. H. Juel. *Messiah and Temple*; The Trial of Jesus in the Gospel of Mark.Missoula (Mont.), Scholars Press, 1977. p. 157.

Vemos a prova dessa interpretação na palavra de Jesus em 9,1: "Estão aqui presentes alguns que não provarão a morte até que *vejam* o Reino de Deus chegando com poder". Para Marcos, o Filho do Homem já fez chegar o Reino de Deus *com poder* durante a vida dos leitores, a saber, na ressurreição de Jesus (cf. 9,9), o que leva à reunião histórica dos discípulos "na Galiléia" para proclamar o Evangelho. Quando Jesus cita Dn 7,13 no versículo 26: "E verão 'o Filho do Homem vindo entre nuvens' *com grande poder* e glória". Marcos acrescenta a palavra "poder", que não está no texto de Daniel. Na verdade, o Reino de Deus virá *com poder*, e o Jesus ressuscitado estará presente na instituição da "casa" dos discípulos: "neste tempo, casas, irmãos e irmãs, mãe e filhos" (10,30).

A vinda *final* de Jesus, "o fim", só acontecerá depois que o Evangelho [for] proclamado a todas as nações" (13,10), o que ainda está para ser realizado. Assim, para Marcos, como o Filho do Homem, Jesus "vem" em todo exemplo de proclamação cristã e em todos os momentos de resolução para serem fiéis na tribulação, quando as palavras do Espírito Santo lhes serão dadas "naquela hora" (v. 11). Mesmo quando a opressão da guerra e da perseguição parece invencível, os que crêem podem permanecer fiéis à missão cristã de proclamar o Evangelho, pois nela o Filho do Homem está presente com tanta certeza quanto o verdor da figueira anuncia a chegada do verão.[23] Com esse discurso Jesus garante para os cristãos com autoridade divina que o plano de Deus, o poder do Espírito Santo e a convincente presença do Filho do Homem são aspectos da missão deles. Assim, eles podem ter plena confiança na vitória final da salvação de Deus, o processo universal no qual todos os poderes que oprimem os seres humanos serão derrubados. Jesus diz: "Eu vos predisse tudo" (v. 23) e no versículo seguinte dá uma garantia ainda sólida.

Versículo 31. "Passarão o céu e a terra. Minhas palavras, porém, não passarão". Para dar ênfase, Jesus usa uma figura de pensamento, a hipérbole, exagero típico comum na retórica judaica (compare as palavras de Jesus no Sermão da Montanha em Mt 5,18: "Em verdade vos digo que, até que passem o céu e a terra"). Vimos que em nenhum lugar da Bíblia está escrito que a terra será completamente destruída e como poderia o céu, residência

---

[23] "O Evangelho faz Jesus presente no ato de pregar e seu 'segredo' [sua morte e ressurreição salvíficas] é entendido cada vez mais profundamente pelos que crêem nele" foram as palavras de Ana Flora Anderson em gentil esclarecimento que me deu de afirmações em G. Gorgulho & A.F. Anderson. *O Evangelho e a vida*; Marcos. 2. ed. São Paulo, Paulinas, 1980. pp. 15-16.

de Deus, passar algum dia? Não, esta declaração significa que mesmo se acontecesse o impossível, sua promessa seria mantida. "Esta geração" verá a destruição de muitas coisas que parecem permanentes, mas as palavras de Jesus jamais perderão a validade. Elas são, de fato, comprovadas vezes sem conta pelo colapso do que é "indestrutível" na história.

Versículo 32. Nesta declaração, o "dia" é o "Dia do Senhor" veterotestamentário, a manifestação pública da poderosa salvação por Deus, mas a "hora" é o momento crítico do julgamento, exatamente como a "hora" dos sofrimentos de Jesus em 14,35 e 41. Ninguém pode predizer as desgraças do futuro pessoal de si mesmo, do mesmo jeito que não é possível prever a história final do mundo que só é conhecida de Deus. A resposta de Marcos à agitação apocalíptica é: "Daquele dia e da hora, ninguém sabe", porque só Deus pode ocasionar o "Fim" da injustiça e da discórdia no mundo. No futuro inspirado, "o dia" da salvação final, a realização do plano de Deus, ocorrerá depois da perseverança da proclamação cristã do Evangelho "a todas as nações" (v. 10) e da segurança dos discípulos para falar o que lhes for indicado "naquela hora" pelo "Espírito Santo" (v. 11).

Aqui Marcos emprega linguagem especial quando Jesus chama Deus de "o Pai" e a si mesmo de "o Filho". Ele nos lembra do amor proclamado pela voz de Deus vinda dos céus, depois que o Espírito Santo desceu até ele, em 1,11: "Tu és o meu Filho *amado*".[24] Embora só Deus saiba qual será a história final do mundo, não precisamos saber a hora, já que estamos nas mãos de um Pai tão amoroso.[25]

Vigiar à espera do *kairós* (versículos 33-37)

Versículo 33. Nesta subseção, o imperativo introdutório é duplo ("Atenção, e vigiai"), e outra aparente redundância ("pois não sabeis", que repete "ninguém sabe" do versículo anterior) nos diz que Marcos enfatiza novamente. O ponto mais importante de todo o discurso é que a vigilância é necessária porque nenhum impostor apocalíptico pode ocasionar ou mesmo predizer o *kairós* da vinda do Senhor. Mas a história tem outro meio de tirar o brilho da proclamação e do trabalho para obter justiça realizado pelos cristãos.

---

[24] MATEOS, *Marcos 13*, p. 408. Palavras semelhantes são ditas por Deus: "Este é o meu Filho amado, ouvi-o", na transfiguração (9,7), a primeira indicação da glória de Jesus.
[25] GONZÁLES RUIZ, *Evangelio según Marcos*, p. 200.

Versículo 34. Jesus explica esse perigo em outra parábola cheia de alusões. O homem que parte de viagem lembra-nos da parábola do "homem [que] plantou uma vinha [...] e partiu de viagem" e teve o filho assassinado (cf. 12,1-9). Como vimos antes na análise das parábolas de Jesus, o dono e a vinha são Deus e o povo escolhido de Deus. Quando matam seu filho, o dono dá a "vinha" a outros, a Igreja nascente. Entretanto, nesta parábola, Jesus é o "homem" que "deixou sua casa", o símbolo que representa a comunidade de discípulos.[26]

O homem dá *exousia* (em outras passagens de Marcos sempre o poder pessoal/a autoridade de Jesus[27] a seus servos ("aquele que quiser ser o primeiro dentre vós [os discípulos], seja o servo de todos"; 10,44), do mesmo jeito que Jesus enviou os Doze a pregar e terem *exousia* para expulsar os demônios em 3,14-15 (cf. 6,7). Cada servo tem sua "responsabilidade [ação]", palavra que só aparece uma outra vez em Marcos, a boa "ação" praticada pela mulher com o frasco de alabastro em 14,6, de quem Jesus diz que "onde quer que *venha a ser proclamado o Evangelho, em todo o mundo*, também o que ela fez será contado" (14,9). Assim, nesta parábola, Jesus adverte que cada discípulo tem uma tarefa específica e pessoal, exatamente como ele ensinou: "negue-se [a si mesmo], tome a sua cruz e siga-me" (8,34) para proclamar o Evangelho "a todas as nações" (13,10).

Não devemos entender que o "porteiro" é um cristão específico, por exemplo, os apóstolos ou outros líderes da Igreja, como aparece em alguns comentários. A ordem que lhe é dada, para "vigiar" é exatamente a mesma dada aos quatro no versículo 35 e "a todos" no versículo 37. Ao contrário, devemos entender o "porteiro" como um esclarecimento, outra camada de "servo". Desse modo, todos os "servos" de Jesus são "porteiros", que precisam vigiar porque o Filho do Homem está "às portas" (v. 29). A tarefa dos porteiros é não só vigiar à espera da chegada do senhor, mas abrir a porta de sua casa (= a casa do Filho do Homem) para todos que desejem ouvir a proclamação do Evangelho.

Versículo 35. Mais uma vez, o chamado para estar alerta, mas que desta vez é "Vigiai" (repetido "a todos" no v. 37). Somos advertidos uma

---

[26] A "casa" dos discípulos de Jesus é mencionada com freqüência no evangelho (1,29; 2,15; 9,33; 10,10; 14,3). Como lembramos anteriormente, a Igreja é a nova "casa de oração para todos os povos" (11,17).
[27] *Exousia* é empregada outras oito vezes em Marcos: a *exousia* do ensinamento de Jesus em 1,22 e 27, a do Filho do Homem para perdoar os pecados em 2,10, a *exousia* que Jesus dá aos discípulos para expulsar demônios em 3,15 e 6,7 e na pergunta dos chefes dos sacerdotes, escribas e anciãos a respeito da *exousia* de Jesus para condenar o Templo em 11,28.29.33.

terceira vez de que o momento da vinda é desconhecido (vv. 32 e 33). Redundância marcana? Examine atentamente: Marcos quer nos lembrar que nossa "hora" (13,11.32) será como a de Jesus no Getsêmani, onde ele adverte os discípulos duas vezes, com a mesma palavra: "Vigiai" (14,34.38). As quatro vigílias da noite, todas explicadas aqui, antevêem momentos da Paixão de Jesus, na qual os discípulos não permanecem alertas nem ficam ao lado do mestre.[28]

Versículo 36. As palavras "para que [...] não vos encontre dormindo" lembram-nos do comportamento de Pedro, Tiago e João, outra vez, na "hora" de Jesus no Getsêmani: "Ao voltar, encontra-os dormindo" (14,37, *repetido* no v. 40). Os cristãos precisam "vigiar" para que não repitam o comportamento sonolento dos discípulos na "hora" de Jesus. Eles precisam desistir de todos os cálculos a respeito do fim dos tempos e ficar acordados durante a obscuridade da história e não se tornar como os que recebem a palavra e a perdem devido a "uma tribulação ou uma perseguição [...] os cuidados do mundo, a sedução da riqueza" (4,17.19) que entorpece a pessoa com uma falsa sensação de segurança e bem-estar. Se sua missão for negligenciada, a reunião dos eleitos será repelida e adiada.[29]

Versículo 37. Finalmente não nos surpreendemos de modo algum quando Jesus diz: "O que vos digo, [e caminhando pelo proscênio do evangelho diz a nós da platéia] digo a todos". Aplicamos o tempo todo suas palavras a nossa situação atual! A história toda baseia-se na soberania de Deus e, assim, é para toda a humanidade o ensinamento de Jesus a respeito do significado da história.

Resumo

A leitura atenta do capítulo 13 de Marcos com a ajuda das perspectivas traçadas anteriormente em nossa introdução e manifestadas na exegese latino-americana recente leva em conta um entendimento mais pleno da direção do discurso e também das afirmações escatológicas de Jesus

---

[28] "Tarde" ocorre de novo em 14,17, na última ceia, quando Jesus prediz a traição por Judas e a negação de Pedro. "Meia-noite" é a hora em que o círculo íntimo dos discípulos de Jesus caiu no sono durante a agonia de Jesus no Getsêmani, a hora da traição de Judas e da fuga de todos os discípulos na ocasião da prisão de Jesus. "Canto do galo é o momento da negação de Pedro em 14,72. E "de manhã" é quando o Sinédrio entrega Jesus a Pilatos para a sentença de morte (15,1; cf. "Manhã [nascer do sol]" quando as mulheres fogem do túmulo em 16,2).
[29] MATEOS & CAMACHO, *Marcos*, p. 236.

a respeito da revelação dos planos de Deus para o futuro. Marcos criou o discurso escatológico do mesmo jeito que o artista Tiepolo criou seu magnífico afresco para revelar uma alegoria no teto à medida que o espectador sobe a escada grandiosa na magnífica Würzburg Residenz. À medida que vão de um nível para outro, os leitores alcançam uma revelação cada vez mais plena da realidade suprema que Jesus promete a todos.

A comunidade de Marcos preocupa-se com a destruição (iminente?) de Jerusalém e seu Templo, o centro simbólico da liderança religiosa estabelecida do tempo de Jesus. Na introdução do discurso, o Jesus de Marcos, com autoridade divina, condena o Templo à destruição total. Os discípulos compreendem mal e pensam que Jesus fala do processo apocalíptico da plena restauração de Israel e do regime de seu Templo ao poder mundial. Eles lhe fazem uma pergunta dupla quanto ao destino do Templo ("estas coisas") e depois do plano final de Deus quando "todas essas coisas estarão para acontecer" (v. 4).

Jesus responde em um longo discurso, com três seções que se assemelham a camadas do mesmo material e, em todas, ele responde à primeira pergunta dos discípulos a respeito da destruição do Templo. Em seguida, em vez de dar a hora e a descrição completa do fim, ele passa a instruí-los (cada subseção b) quanto ao intervalo entre sua morte e sua vinda final como o Filho do Homem e os exorta a ficarem vigilantes e perseverarem até o fim (vv. 13, 27 e 36).

Na primeira seção do discurso (vv. 5-13), Jesus instrui os discípulos (e os cristãos mais tardios) a nunca serem tentados por ninguém vindo em seu nome, em nome do verdadeiro Messias. O motivo disso, como ele explicará mais tarde na segunda seção, é que não haverá engano quanto à volta de Jesus como o glorioso Filho do Homem. Mas aqui Jesus mostra que a destruição de Jerusalém não é o fim, pois outras guerras mais impressionantes devem seguir-se à Guerra Judaica. O verdadeiro fim que Deus tem em mente só se realiza por meio do processo doloroso de um novo nascimento para o mundo todo. Esse processo exige a proclamação do Evangelho a todas as nações, um modo de agir contínuo no qual muitos cristãos serão perseguidos. Entretanto, os fiéis cristãos não sofrerão sozinhos, pois o Espírito Santo estará com eles e lhes dirá o que falar. O que eles dizem será o testemunho do plano de Deus, o Evangelho, e a fidelidade a ele até o fim (da nossa vida e da evangelização do mundo todo) garantirá a salvação, porque Deus o realizará por meio da missão cristã.

Em uma segunda seção (vv. 14-23) à questão Marcos retorna ao problema do Templo de Jerusalém e da Guerra Judaica, que talvez ainda esteja presente na ocasião em que Marcos escreve. A resposta apropriada dos cristãos na Judéia é fugir da cidade com total confiança na misericórdia divina. O Templo e todo o seu sistema religioso precisam ser destruídos, mas esse é apenas um exemplo da destruição iminente dos sistemas religiosos e políticos opressores. Muitos mais precisam cair antes que toda a humanidade possa levar uma vida livre e completamente humana. Nesse período, todo pretenso Messias é impostor, por mais que seu poder seja enganoso, porque Jesus já nos disse de antemão que muita coisa virá depois da destruição de Jerusalém. O próprio poder imperial de Roma e qualquer outro poder opressor serão obscurecidos pelo poder e pela glória divinos de Jesus, o qual vem como o Filho do Homem. Sua tarefa final é reunir em uma nova comunidade os fiéis de todas as nações que crêem no Evangelho.

Em uma terceira seção (vv. 28-37), Marcos usa o enigma da figueira para mostrar que essa vinda de Jesus com poder e glória acontece de repente, como na destruição do regime do Templo e em sua cruel exploração no tempo atual de Marcos ("esta geração"). Muitos desses opressores aparentemente indestrutíveis passarão do mesmo modo, mas, como Jesus nos assegura no final de cada subseção, tudo segue o plano de Deus.

Ninguém, a não ser Deus, sabe a ocasião exata da tribulação cristã ("a hora") ou o Dia do Senhor ("o dia" da salvação final), mas Jesus garante que tudo ocorrerá no devido tempo. Jesus irá embora na ressurreição como o homem que partiu de viagem (v. 34) e deixará para trás seus fiéis seguidores aos quais ele dá *exousia* para serem porteiros e acolherem todas as nações na nova comunidade da aliança. Cada sofrimento ("hora") do cristão é um *kairós* no qual o Espírito Santo é testemunhado e proclamado e no qual o poder e a glória divinos de Jesus se manifestam e diminuem a soberania de todos os opressores. Isso exige a atenção exortada nos muitos imperativos em todo o discurso, para que *todo* cristão use a *exousia* de Jesus. Ela foi dada aos primeiros discípulos, mas agora é dada a todos (v. 37), a cada um segundo seu trabalho, para proclamar e testemunhar com o Espírito Santo a verdade do Evangelho. Assim, Jesus nos convida à conversão e a uma nova vida de preocupação pela salvação dos outros.[30]

---

[30] Paulo Evaristo Cardeal ARNS. *O Evangelho de Marcos na vida do povo*. 2. ed. São Paulo, Paulus, 1997. p. 121.

Como "porteiro", o cristão está vigilante, pois o Filho do Homem está "às portas", tornando iminente e inspirando todas as situações.[31] Graças à garantia de Jesus, a vida cotidiana ("o tempo vivenciado") está agora unida à vida eterna ("o tempo da imaginação"). Jesus é o "Senhor" de cada passo ao longo do caminho da vida. Ele pode voltar em qualquer deles.[32]

Quanto à vinda final do Filho do Homem, não se sabe quando ela ocorrerá exatamente, mas, segundo Marcos, só acontecerá quando a mensagem cristã de amor e igualdade for proclamada pelo mundo todo. Não sabemos sua hora, e sua natureza exata permanece um mistério no plano de Deus.

---

[31] G. GORGULHO & A. F. ANDERSON. *A justiça dos pobres*; Mateus. 2. ed. São Paulo, Paulinas, 1981. p. 223.
[32] LENTZEN-DEIS, *El Evangelio de San Marcos*, a respeito de Mc 13,35.

CONCLUSÕES A RESPEITO DO REINO QUE HÁ DE VIR EM MARCOS

Como foi evidente o tempo todo, nosso estudo do Evangelho de Marcos tem importante motivo teológico. A tarefa que estabelecemos para nós foi empregar a melhor exegese do Evangelho de Marcos, em especial as excelentes idéias dos biblistas latino-americanos, na interpretação da grande promessa escatológica de Jesus, o Reino de Deus. Reconhecemos que Marcos e sua comunidade do século I faziam parte de uma cultura pré-científica antiga que percebia e expressava a verdade quanto à realidade de um jeito bem diferente da nossa maneira moderna do Atlântico Norte. Procuramos entender melhor sua atitude por meio das descobertas culturais da crítica das ciências sociais e da experiência latino-americana, a fim de descobrir o sentido do texto sagrado para nossa vida hoje. Mas precisamos fazer mais que isso.

Nós e todos os leitores do Evangelho de Marcos somos chamados a aplicar à nossa vida o sentido das palavras de Jesus. Cristo precisa ser percebido em nosso mundo. O Reino de Deus não vem por teologismo nem mesmo com a melhor teoria humanística. Nosso estudo precisa resultar "na formação da comunidade cristã, a concretização social da fé cristã primitiva".[1]

Examinamos o modo de Marcos identificar Jesus (Cristologia) como o Filho de Deus e o Filho do Homem, o cumprimento da profecia de Daniel e muito mais que o esperado Messias. Ele é a perfeição da humanidade fraca que se tornou forte no poder de Deus. É o Filho de Deus em sua proximidade devota e sua obediência altruísta ao Pai. É o Filho do Homem em seu poder divino sobre o pecado e a lei, sua preocupação com os pobres, em sua morte e ressurreição reparadoras e em toda subseqüente vinda gloriosa para seus seguidores.

---

[1] J. NISSEN. Jesus, the People of God, and the Poor; The Social Embodiment of Biblical Faith. In: S. PEDERSEN, org. *New Directions in Biblical Theology*. Leiden, Brill, 1994. p. 221.

Que figura impressionante Marcos apresenta como o Filho do Homem, o pobre carpinteiro, em quem a plenitude da humanidade é alcançada em fidelidade a Deus, seu Pai amoroso, e em quem a humanidade alcança a plenitude! Ele é aquele que encurta a distância entre o verdadeiro desejo de Deus para nosso mundo e sua realidade atual. Ele é a realidade do domínio de Deus sobre nós e, ao mesmo tempo, o símbolo de todos nós que fazemos a vontade de Deus no serviço da vida contra os poderes da morte. Que confiança ele deve ter inspirado na Igreja primitiva em face das perseguições do poderoso Império Romano!

Vimos que o ensinamento de Jesus a respeito do Reino de Deus é mensagem urgente para hoje, mas nem sempre é procurado com vigor pelos cristãos, que não raro permitem seu "deslocamento funcional" por uma apropriação individualista das doutrinas bastante ortodoxas da presença do Espírito Santo, a eficácia dos sacramentos e a crença na imortalidade pessoal.[2] Precisamos expressar de novo a mensagem de Jesus para a aplicação contemporânea em nossa vida, para nossa salvação e para a salvação do mundo todo.[3]

O Evangelho de Marcos fala do futuro com visão apocalíptica, no que podemos chamar de "linguagem do céu", na qual o que é *realmente a verdade* a respeito da humanidade é descrito como já tendo se tornado realidade no âmbito divino e apenas aguardando para acontecer na esfera terrena. A idéia de Marcos é que não podemos ficar simplesmente à espera de que Deus destrua todo o mal no mundo, mas que Deus pretende trazer a paz e a justiça universais de uma única forma. Deus enviou Jesus, perfeito em sua natureza humana, para mostrar a todos nós exatamente o que precisamos fazer para que o poder de Deus triunfe na terra.

---

[2] David E. AUNE. The Significance of the Delay of the Parousia for Early Christianity. In: G. F. HAWTHORNE, org. *Current Issues in Biblical and Patristic Interpretation*; Studies in Honor of Merrill C. Tenney. Grand Rapids, Eerdmans, 1975. p. 107.

[3] O papa João Paulo II expressou esse desejo cristão muito claramente na *Mensagem de sua Santidade o papa João Paulo II para a celebração do dia mundial da paz*. Só reproduzimos um pequeno trecho deste documento de sete páginas, que deve ser lido integralmente.
Não é esta a hora de todos *trabalharem juntos para uma nova organização constitucional da família humana* verdadeiramente capaz de assegurar a paz e a harmonia entre os povos, bem como seu desenvolvimento integral? [...] Isso significa continuar e aprofundar processos já em andamento para satisfazer a *demanda quase universal de meios que sejam passíveis de participação para o exercício de autoridade política, até mesmo autoridade política internacional, para que haja transparência e prestação de contas em todos os níveis da vida pública.*
Pacem in Terris; A Permanent Commitment (1º de jan. 2003), online: http://www.vatican.va/holy_father/john_paul_ii/messages/peace/documents/hf_jp-ii_mes_20021217_xxxvi-world-day-for-peace_en.html.

Se Jesus não desceu da cruz há dois mil anos para salvar-se e forçar nossa crença no plano de Deus, por que ele o faria em algum momento no futuro? O evangelista Marcos salienta que Jesus vem como o Filho do Homem não para reverter a história na violência, mas para reunir os eleitos em comunidade sempre que eles se voltam para que ele os guie no caminho para o Pai. A mudança ocorrerá quando as pessoas seguirem o caminho de Jesus e desistirem de suas próprias soluções para os problemas do mundo. Não existe nenhuma solução meramente militar ou política para eles!

Só Deus tem a solução, e Deus quer que ela aconteça por meio do testemunho dos que crêem no Evangelho. Eles precisam seguir a proclamação de Jesus a respeito de um novo modo de viver no amor de todas as pessoas com a decisão de compartilhar tudo o que têm. A verdade é que o Filho do Homem ainda não reina plenamente na terra. Ele está além da história, mas não à margem da história, e constantemente fortalece os seguidores na luta para restaurar a face humana em um mundo dominado por bestas, da maneira exata que foi profetizado no livro de Daniel.[4]

No discurso escatológico de Marcos, as repetidas ordens de Jesus "Atenção" e "vigiai" são chamados à oração constante para os que querem segui-lo. Para entender a visão do Reino de Deus precisamos fazer mais que apenas estudar seu simbolismo. Precisamos ter a mesma fé que Jesus tinha e praticar o discernimento na oração como ele fez durante todo o seu ministério e em sua agonia no Getsêmani. Somente assim também nós descobriremos a vontade de Deus para nós em todas as situações.[5]

Eu gostaria de narrar uma parábola moderna na qual é usada uma metáfora espacial para esclarecer a natureza temporal singular do Reino. Toda parábola é metáfora, comparação de uma imagem concreta com a idéia abstrata do Reino de Deus. Não é para ser entendida ao pé da letra, do mesmo modo que não devemos pensar que o Reino de Deus é um grão de mostarda. Com o emprego de imagens modernas talvez cheguemos à compreensão do antigo ensinamento de Jesus, o anúncio do que pode ser porque já é.

O Reino de Deus é semelhante a uma espaçonave intergaláctica (não muito diferente da famosa espaçonave *Enterprise* de *Jornada nas Estrelas*). Há muitos séculos está em

---

[4] José Maria González Ruiz. *Evangelio según Marcos*; Introducción, traducción, comentario. Estella, Verbo Divino, 1988. p. 44.
[5] João Wenzel. *Pedagogia de Jesus segundo Marcos*. São Paulo, Loyola, 1997. p. 163.

órbita constante ao redor da Terra, invisível por causa de seu dispositivo de "disfarce", só conhecido na Terra pelos que crêem em sua força. A astronave é habitada por seres maravilhosos com uma filosofia e uma tecnologia totalmente dedicadas à busca do bem e sua tremenda força está disponível a todos os que dedicam a vida ao aperfeiçoamento da vida humana em toda parte. Entretanto a "diretriz fundamental" de todos os ligados à astronave é que jamais é permitida uma intervenção *violenta* na vida terrena, para que nenhum ser humano, embora maligno, jamais seja *coagido* a viver humanamente, pois isso é uma contradição.

Certa vez, quando as nações da Terra estavam na iminência de uma guerra, alguém achou que seria uma boa idéia imobilizar os combatentes de forma inofensiva com os remédios comumente usados para tratamento médico na astronave. Isso causaria a cessação da luta e daria o tempo necessário para uma solução diplomática do problema. Todavia, a idéia teve de ser abandonada, quando perceberam que alguns cientistas da Terra poderiam analisar essa substância apenas para transformá-la em uma nova super-arma para seus propósitos. Outro bem-intencionado membro da tripulação sugeriu dar aos habitantes da Terra o segredo da fonte de força segura e totalmente reutilizável do povo das estrelas. Mas essa idéia foi abandonada quando pessoas da Terra confirmaram que a tecnologia seria simplesmente acumulada pelas nações mais desenvolvidas para escravizar economicamente o resto do mundo. Os bons membros da astronave perceberam, então, que não havia nada que pudessem fazer para afastar a Terra da violência. Só podiam ensinar paz e fraternidade e ter esperança de que os terráqueos descobrissem por si mesmos que a guerra nunca é uma solução.

No Reino de Deus, o que é certo precisa ser escolhido livremente, com base no conhecimento que é adquirido pelos que vivem com o objetivo imediato de "dignidade humana para todos". Seguir Jesus significa abandonar uma orientação para o Templo por uma orientação para o povo. Os líderes do Reino não querem de modo algum substituir a tirania do poder humano político, econômico ou religioso por sua suserania, mas solicitam um esforço colaborador de todos os que crêem para formar um futuro ainda não imaginado. Nele todos os seres humanos serão tratados com dignidade mesmo que prefiram renunciar a ela.[6] Dar meramente dinheiro aos pobres não lhes faz justiça, pois não os incorpora à comunidade. Precisamos fazer deles mais que meros objetos de nossa caridade. Seguindo o exemplo de Jesus, precisamos acolhê-los em nosso meio com amor e permitir que sejam plenamente humanizados mais uma vez, compartilhando a responsabilidade na comunidade, por mais fracos que eles sejam a princípio.

---

[6] Precisamos cultivar a característica divina de compaixão de Jesus por todos os outros seres humanos, como vemos na veemente *Declaração a respeito do Iraque* da Conferência Norte-Americana de Bispos Católicos: "Na avaliação se 'os prejuízos colaterais' são proporcionais, a vida de homens, mulheres e crianças iraquianos deve ser tão valorizada quanto valorizaríamos a vida dos membros de nossa família e dos cidadãos de nosso país" (U.S.C.C.B., 13 nov. 2002, online: http://www.usccb.org/bishops/iraq.htm).

O arrependimento e a mudança de sentimentos de que precisamos é parar de pensar que a ajuda ao mundo está fora de nosso alcance. Precisamos parar de viver apenas para uma recompensa no céu e começar a zelar por nossa família humana, em especial pelos que estão tão desumanizados pela fome e a ignorância, que não conseguem abraçar um Deus amoroso. A prosperidade para todos não é uma coisa impossível, pois, quando as pessoas partilham o que têm, há sempre bastante. Na verdade sempre houve bastante, cem vezes o que realmente importa para a existência humana, pois nosso amor conta cem vezes se decidirmos compartilhá-lo.

O que acontecerá depois que todos os sistemas injustos forem derrubados pelo poderoso testemunho do Espírito Santo nos fiéis na mensagem auspiciosa de Jesus? A vinda final do Filho do Homem verá o mundo todo reunido em comunidades de justiça, pois é esse o horizonte escatológico da existência humana, a perfeita compreensão do pleno potencial da humanidade. É essa a mensagem urgente de Jesus para nós hoje. Como seria o reinado dos realmente justos?[7]

---

[7] Agradeço ao padre Konings essa pergunta sagaz, que surgiu depois de dois dias de estudo e conversa no Instituto Jesuíta Santo Inácio em Belo Horizonte.

BIBLIOGRAFIA SELECIONADA

AGUIRRE, Rafael. *La mesa compartida*; Estudios del NT desde las ciencias sociales. Santander (Espanha), Sal Terrae, 1994. (Presencia teológica 77.)

ARNS, Paulo Evaristo Cardeal. O Evangelho de Marcos na vida do povo. 3. ed. São Paulo, Paulus, 1997.

BALANCIN, Euclides Martins. *O Evangelho de Marcos*; Quem é Jesus? 6. ed. São Paulo, Paulus, 2003. (Como ler a Bíblia.)

BRAVO, Carlos. *Jesús, hombre en conflicto*; El relato de Marcos en América Latina. 2. ed. Cidade do México, Centro de Reflexión Teológica, 1996. [Ed. bras.: *Jesus, homem em conflito*; o relato de Marcos na América Latina. São Paulo, Paulinas, 1997].

CÁRDENAS PALLARES, José. *Un pobre llamado Jesús*. Cidade do México, Casa Unida de Publicaciones, 1982.

COOK, Guillermo & FOULKES, Ricardo. *Marcos*; Comentario bíblico hispanoamericaano. Miami, Caribe, 1993.

DE LA CALLE, Francisco. A teologia de Marcos. 2. ed. São Paulo, Paulinas, 1984.

GONZALEZ RUIZ, José Maria. *Evangelio según Marcos*: Introducción, traducción, comentário. Estella (Espanha), Verbo Divino, 1988.

GORGULHO, Gilberto & ANDERSON, Ana Flora. *O Evangelho e a vida*; Marcos. 2. ed. São Paulo, Paulinas, 1980.

KONINGS, Johan. *Marcos*. São Paulo, Loyola, 1994. (A Bíblia passo a passo.)

LENTZEN-DEIS, Fritzleo. *El Evangelio de San Marcos*; modelo de nueva evangelización. Santafé de Bogotá, Consejo Episcopal Latinoamericano, 1994.

MATEOS, Juan. *Marcos 13*; El grupo cristiano en la historia. Lectura del Nuevo Testamento 3. Madrid, Cristiandad, 1987.

MATEOS, Juan & CAMACHO, Fernando. *Evangelio, figuras y símbolos*. 2. ed. Córdoba (Espanha), El Almendro, 1992.

_____. *Marcos*; Texto y Comentario. Córdoba (Espanha), El Almendro, 1994.

MESTERS, Carlos. *Caminhamos na estrada de Jesus*; o Evangelho de Marcos. Conferência Nacional dos Bispos do Brasil. São Paulo, Paulinas, 1996.

MESTERS, Carlos. *Flor sem defesa*; uma explicação da Bíblia a partir do povo. Petrópolis, Vozes, 1983.

_____. *Esperança de um povo que luta*; o Apocalipse de são João; uma chave de leitura. 13. ed. São Paulo, Paulus, 2004.

MORALES, Mardonio. *San Marcos*. Cidade do México, Centro de Reflexión Teológica, 1998.

MOSCONI, Luís. *Evangelho de Jesus Cristo segundo Marcos*. 8. ed. São Paulo, Loyola, 2000.

PIKAZA, Xabier. *Pan, casa, palabra*; la iglesia en Marcos. Salamanca, Sígueme, 1998. (Biblioteca des estudios biblicos 94.)

_____. *Para vivir el evangelio*. Lectura de Marcos. Estella (Espanha), Verbo Divino, 1995.

SUSIN, Luiz Carlos. *Assim na terra como no céu*; brevilóquio sobre escatologia e criação. Petrópolis, Vozes, 1995.

WENZEL, João Inácio SJ. *Pedagogia de Jesus segundo Marcos*. São Paulo, Loyola, 1997.

SUMÁRIO

Prefácio e agradecimentos 7
Introdução 11
   Os primórdios de uma solução 14
   Novos andamentos na interpretação bíblica 14
   Marcos misterioso 18
   O plano deste livro 20

Parte I
As origens e a teologia fundamental do Evangelho de Marcos

Capítulo 1 – A sociedade e a cultura da palestina no século I 25
   A estrutura política da Palestina no século I 25
      O governo do Império Romano 25
      Economia imperial antiga 26
      Estratificação social 27
      A natureza política da religião 29
   O sistema religioso da antiga Palestina 30
      A Palestina sob Herodes 30
      A riqueza dos sacerdotes 31
      Tributação religiosa 31
      Os sacrifícios do Templo 32
      Ênfase na santidade/pureza 32
   A reação de Jesus 33

Capítulo 2 – A cristologia do Evangelho de Marcos 37
   Introdução 37
      A tarefa da cristologia 37
      Estudos marcanos recentes 38
   Uma narrativa cristológica do Evangelho de Marcos 38
      O prólogo do evangelho (1,1-13) 38
      A cristologia da primeira parte do evangelho 43
      A cristologia da segunda parte do evangelho 48
      A cristologia da terceira parte do evangelho 53
   Conclusão 58

Capítulo 3 – O Reino de Deus 61
   A descrição marcana do Reino de Deus 61
      O Reino de Deus na primeira parte do evangelho (1,14–8,26) 62
      O Reino de Deus nas parábolas de Jesus 73
      O Reino de Deus na segunda parte do evangelho 78
      A narrativa da paixão 84

O tempo do Reino 88
Resumo e conclusões 92

Parte II
A escatologia do Evangelho de Marcos

Capítulo 4 – Reflexões culturais no pensamento antigo 99
   Introdução: o gênero apocalíptico 99
   O valor simbólico da linguagem apocalíptica 101
   Orientação e experiência do tempo 105
   Identidade humana 113

Capítulo 5 – A escatologia no Evangelho de Marcos 119
   "Princípio do evangelho" 119
   Os exorcismos de Jesus 120
   O capítulo das parábolas (capítulo 4) 122
   A escatologia na segunda parte do evangelho 124
   A escatologia na terceira parte do evangelho 129

Capítulo 6 – O discurso escatológico marcano (capítulo 13) 133
   O contexto do discurso 134
   O gênero de Mc 13 134
   A estrutura de Mc 13 135
   Exegese versículo por versículo de Mc 13 138
      A dupla introdução 138
      Primeira parte do discurso 141
      Segunda parte do discurso 144
      Terceira parte do discurso 156
   Resumo 162

Conclusões a respeito do Reino que há de vir em Marcos 167

Bibliografia selecionada 172